KB016573

허기진 도시의 밭은 식탁 / 서울을 먹다 01
지은이 황교익

초판 1쇄 발행 2017년 12월 10일
초판 2쇄 발행 2017년 12월 29일

펴낸곳 도서출판 따비
펴낸이 박성경
편집 신수진, 차소영
디자인 박대성

출판등록 2009년 5월 4일 제2010-000256호
주소 서울시 마포구 월드컵로 28길 6(성산동, 3층)
전화 02-326-3897
팩스 02-337-3897
메일 tabibooks@hotmail.com
인쇄·제본 영신사

글. 사진 ⓒ 황교익, 2017

* 잘못된 책은 바꾸어 드립니다.
* 이 책의 무단 복제와 전재를 금합니다.

ISBN 978-89-98439-40-8 03900
ISBN 978-89-98439-24-8 (세트)

값 14,000원

이 책은 2013년에 발행한 《서울을 먹다》에서
황교익 저자의 글만 모아 재편집한 것입니다.

허기진 도시의
밭은 식탐

황교익

따비

내가 먹었던 것은 '뜨거운 눈물'

이 책의 취재는 2011년 늦봄에 시작하여 늦가을에 마치었다. 도서출판 따비의 박성경 대표, 작가 정은숙과 함께 한 취재였다. 2013년에 '서울을 먹다'라는 제목으로 책이 엮이었다. 하나의 주제로 나와 정은숙 작가가 따로 집필을 하여 한 책으로 묶은 것이었다. 두 작가의 감성이 한 책에서 화학적 교합을 이루었으면 하는 기대였다. 나는 성공적 교합이라 여겼고, 일부는 또 그렇게 생각하지 않았다. 나와 정은숙 작가의 원고를 분리해 보자 생각한 것은 나였다. 화학적 교합도 좋으나 작가 개별의 목소리를 오롯이 독자에게 들려주는 것도 나쁘지 않겠다 싶었다.

취재를 하며, 또 원고를 쓰면서 가슴이 많이 아렸다. 서울이라는 도시의 속살을 집중적으로 헤집어서 맛을 보고 냄새를 맡은 까닭이었다. 원고 작업을 끝내었을 때에 나는 서울을 이 한마디로 정의

하였다. '이주민의 도시'. 서울은 뿌리 뽑혀 떠도는 자들의 도시이며
서울 사람들이 먹는 음식은…

화려한 도시를 그리며 찾아왔네

그곳은 춥고도 험한 곳

여기저기 헤매다 초라한 문턱에서

뜨거운 눈물을 먹는다

머나먼 길을 찾아 여기에

꿈을 찾아 여기에

괴롭고도 험한 이 길을 왔는데

이 세상 어디가 숲인지 어디가 늪인지

그 누구도 말을 않네

사람들은 저마다 고향을 찾아가네

나는 지금 홀로 남아서

빌딩 속을 헤매이다 초라한 골목에서

뜨거운 눈물을 먹는다

(하략)

— 조용필 작사·작곡 〈꿈〉

조용필이 이 노래를 지은 해가 1989년이다. 88서울올림픽 이후 서울이 세련된 거대 도시인 양 폼을 낼 때였다. 그 화려함 뒤에 고향을 떠난 이주민의 고통이 서리서리 내려앉아 있음을 이 위대한 가수는 감각적으로 알아차렸고 이를 노래하였다. 높다란 빌딩 숲을 헤매던 서울 사람들이 초라한 골목에서 먹는 것은 뜨거운 눈물. 나는 그 눈물의 자국을 슬쩍 보았고 이를 별로 아름답지도 못한 문장으로 이 책에 남겨 놓았을 뿐이다.

조용필의 이 슬픈 노래를 나는 부르지 않는다. 듣기만 하여도 눈물이 왈칵하여 차마 입에 올리지 못한다. 종로에서 빈대떡에 막걸리로 1차를 하고 마포에서 돼지껍질에 소주로 2차를 한 후 영등포 어느 골목에서 감자탕으로 해장 겸 3차를 할 새벽 무렵에, 마침 골목에 아무도 없으면, 모바일에서 조용필을 불러내 조용히 따라 불러 볼까 하는 생각은 있다. 고향의 향기 들으면서.

2017년 12월

황교익

|차례|

무엇이 서울 음식인가

2003년 서울시에서 '서울의 전통음식점 발굴지정' 사업 공고를 내었다. 그 지정 대상을 보면 "지역의 식재료와 고유의 조리방법을 써서 한국음식의 맛과 향을 이어 가는 친환경 음식점"이라 되어 있었다. 서울시의 사업이니 '지역'이라는 범위를 대한민국 전체로 상정한 것이 아닐 것이며, 따라서 '서울의 식재료'와 '서울 고유의 조리방법'을 지정 기준으로 삼겠다는 것으로 읽힐 수 있었다. 그러니까 이 사업은 '서울에 있는 한국 전통음식점 선정 사업'이라기보다 '서울의 전통음식을 내는 음식점 선정 사업'이라 할 수 있었다.

당시 나는 서울시의 이 공고를 보고, 과연 서울의 식당에서 팔리고 있는 서울의 전통음식에 어떤 것이 있는지 살펴보았다. 궁중음식, 설렁탕, 빈대떡, 민어탕 정도는 옛 문헌에도 있는 것이니 곧장 떠올랐지만, 그다음의 목록은 쉬 작성되지 않았다. 그러면서 근대화 이후 서울 곳곳에서 발생한 '동네 음식'이 눈에 들었다. 장충동 족발, 신림동 순대, 신당동 떡볶이, 을지로 골뱅이, 마포 돼지갈비, 왕십리 곱창 같은 것들이다. 대체로 서울의 서민이 먹는 음식이다. 서울시에서 이런 음식을 내는 식당들을 선정할까 의심이 들었는데, 결과는 그 의심을 현실화하였다. 서울시에서 내놓은 결과물은 '서울시 선정 자랑스런 한국음식점'이었고 한정식집, 한국전통음식점, 쇠고깃집, 횟집 등이 주로 선정되었다. 위생과 규모 등도 감안한 것이겠지만, 내 눈에는 '서울시 공무원 접대하기 좋은 음식점 목록'으로만 보였다. 서울시는 이 자랑스런 한국음식점 선정 사업을 매년 지속하고 있다.

서울은 한성이 아니다

서울은 조선시대 왕가가 있었던 도시이다. 왕족이 사는 궁궐이 있었고, 그 왕족에 빌붙어 사는 양반과, 그 양반의 수족 노릇을 하는 중인과 상민, 노비들의 공간까지를 성으로 둘러 한성이라 하였다. 한성 담장 안에 살았던 인구는 조선 중후기 기준으로 20만 명 수준이었다. 한국인은 서울이라 하면 조선의 이 한성을 먼저 떠올린다. '500년 조선의 전통이 살아 숨 쉬는 도시'로 보는 것이다. 그러나 문화적 맥락에서 보자면 2010년대 현재의 서울은 조선시대의 한성과 큰 관련이 없다. 서울의 중심부에 궁궐과 사대문, 성곽 등 조선의 흔적들이 남아 있기는 하지만, 문화란 집단의 구성원이 지닌 사유와 행동 그리고 생활의 한 양식으로, 서울은 한성과는 성격이 전혀 다른 구성원들로 채워져 있어 한성의 문화적 전통을 서울이 잇고 있다고 볼 근거는 매우 희박한 것이다.

조선의 한성은 일제강점기에 경성이 되었고 그 면적과 인구를 급격히 늘려 1942년에는 인구 100만 명이 넘는 도시가 되었다. 물론 많은 일본인도 함께 살았고, 그들의 생활문화가 곳곳에 이식되었다. 해방 이후 일본인이 물러난 자리를 귀환동포와 탈농자들이 채웠다. 한국전쟁 중에는 잠시 인구가 줄기도 하였지만 1950년대에 200만 명이 넘는 인구를 가지게 되었다. 개발연대인 1960~70년대를 거치면서 서울은 그때까지와는 또 다른 도시로 탈바꿈하였다. 강남이 개발되면서 서울의 면적이 크게 넓어졌고 한반도 남쪽의 인구를 급속히 흡입하였다. 서울 인구는 1960년대에는 400만 명을 넘겼고 1970년대에는 800만 명에 이르렀다. 1980년대 중반 드디어 인구 1000만 명의 거대도시가 되었으며, 서울의 주변 도시를 포함한 수도권의 인구로 계산을 하면 2010년대 현재 대한민국 인구의 절반에 이른다. 이 거대도시 서울의 범위와 이곳에 살고 있는 구성원의 성격을 보자면 조선시대 한성의 그것들과는 전혀 다른 것이다.

서울음식이라 하면 서울 '전통'음식부터 떠올린다. 또 그 전통은 조선에 닿아 있는 것으로 생각한다. 서울음식 중에 일부 그런 음식도 있기는 있다. 그러나 서울 사람들이 현재 먹고 있는 서울음식 중에 조선에도 있었던 음식은 별로 없다. 또 조선에 있었다 하여도 지금은 식재료와 조리기구가 바뀌어 그 맛과 스타일이 크게 다르다. 조선시대에는 한성음식이 있었고 대한민국에는 서울음식이 있다고 그 경계를 갈라 보는 것이 현재 서울 사람들이 먹고 있는 서울음식의 실체를 파악하는 데 큰 도움이 될 것이다.

음식과 관련되는 서양의 격언 중에 "그 사람이 먹는 음식을 보면 그 사람이 누구인지 알 수 있다"라는 말이 있다. 음식에는 그 음식을 즐겨 먹는 사람의 정체성이 담겨 있다는 뜻이다. 음식이 인문학적 고찰 대상이 될 수 있는 것도 이 때문이다. 이 생각을 서울의 음식에 적용하면, 서울 사람들이 즐겨 먹는 음식을 살피면 서울 사람들이 누구인지 알 수 있을 것이라 생각할 수 있다. 이 인문학적 작업을 위해서는 먼저 서울을 구성하고 있는 사람들의 사유와 행동 그리고 생활의 양식을 파악하는 일이 우선일 것인데, 최근 100년 이내에 이 서울이 변화해 온 것을 보면 그 구성원의 사회문화적 성격조차 종잡을 수 없을 지경으로 복잡하여 어디서부터 이 작업의 가닥을 잡아야 하는지 난감해지게 된다. 심하게 말하면, 서울이라는 도시가 그 구성원들로 문화공동체를 형성하고 있기는 한 것일까 의심이 들기까지 한다. 그러니 과연 서울음식이라 이름 붙일 수 있는 음식, 그러니까 서울의 문화적 정체성을 내포하고 있는 음식이 존재하기는 하는가부터 고민하지 않을 수 없는 형편에 있는 것이다. 이 대목에서 '서울 사람들의 정체성을 확인할 수 있는 서울음식이란 게 없는 것 아닌가?' 하고 의심을 해 버리면 이 책은 기획되지도 못하였을 것이다. '서울음식이란 대체 무엇이지?' 하는 정도의 화두를 가지고, 혹 서울의 여러 음식에서 서울이 문화공동체임을 증명할 수 있는 그 어떤 실마리라도 발견할 수 있지 않을까 하는 순수한 호기심을 동력으로 하여 서울음식을 취재하고 이렇게 책으로 엮게 된 것이다.

음식을 먹으며 서울 사람이라 생각하기

서울음식을 거칠게 정의하면, '서울 사람들이 두루 먹으며, 또 그 음식을 먹으면서 자신이 서울이라는 문화공동체 안에서 살고 있다고 느끼게 해 주는 음식' 정도가 될 것이다. '서울에서 전통적으로 전해진……' 같은 조건을 두지 않은 것은 위에서 말한 바와 같이 서울이라는 공간과 그 구성원이 짧은 시간에 조성된 것으로 보기 때문이다. 구체적으로 말하자면 조선 한성의 음식이 지금의 서울음식으로 이어지기 어려웠을 것이라고 판단하고, 되도록 현재의 서울 음식에 대해 집중해 보자는 생각에 따른 것이다. 물론 한 음식의 유래가 멀리 조선, 고려, 더 나아가 고조선에까지 닿는 일도 있을 수 있겠지만, 그렇다고 하여 그 음식에 조선, 고려, 더 나아가 고조 선의 문화적 전통이 내포되어 있는지, 또 그 전통을 지금의 서울음 식에서 찾을 수 있는지는 알 수 없는 일이므로, 일단은 이런 생각을 버려 두는 것이 바를 것이라 판단하였다. 그래도 단지 흥미를 유발 하기 위해 글 중간중간에 '전통 잇기'를 시도한 흔적들도 볼 수 있 을 것이다.

취재와 집필 편의상 서울음식이라 할 만한 것을 선별할 때의 기 준은 서울 각 지역에 몇몇의 식당이 몰려 있는 음식으로 하였다. 그 러니까 종로 빈대떡과 설렁탕, 신당동 떡볶이, 을지로 골뱅이와 평 양냉면, 동대문 닭한마리, 오장동 함흥냉면, 신림동 순대, 마포 돼 지갈비, 왕십리 곱창, 장충동 족발, 성북동 칼국수 등등이 그 취재 대상이 되었다. 음식 선정의 기준은 서울 사람들의 삶을 엿볼 수 있 는 음식인가이다. 단지 맛이 좋은 식당이 몰려 있을 뿐인 음식이라 면 그게 서울음식으로 무슨 의미가 있을까 싶기 때문이다.

강조하건대, 서울음식이란 '서울 사람들이 두루 먹으며, 또 그 음 식을 먹으면서 자신이 서울이라는 문화공동체 안에서 살고 있다고 느끼게 해 주는 음식'이라는 생각으로 이 책은 기획되었고, 또 그 생각을 확장하는 방식으로 취재와 집필이 이루어지도록 하였다. 늘 말하는 것이지만, 우리가 이 책에서 보여 줄 수 있는 것은 일리 一理의 서울음식이다. 서울음식에서 또 다른 일리를 찾는 이들에게 이 책의 일리가 도움이 된다면 더없이 기쁜 일일 것이다.

I

서울

실렁탕

설렁탕의 선농단 유래설은 설렁탕이 서울음식이라는 강력한 근거가 될 수 있다. 왕의 논밭갈이 행사장에서 나누어 준 음식이니 조선 왕가의 '영광'과 퍽 밀접한 음식으로 여겨질 법하다. 조선에서 봉송을 받았던 권세가의 후손은 아니었어도, 서울에 살면서 설렁탕집에 앉아 조선 왕가의 '국물'을 얻어먹는 영광이라도 즐기고 싶어 그 근거도 없는 선농단 유래설을 자꾸자꾸 말하고 있는 것이 아닌가도 싶다.

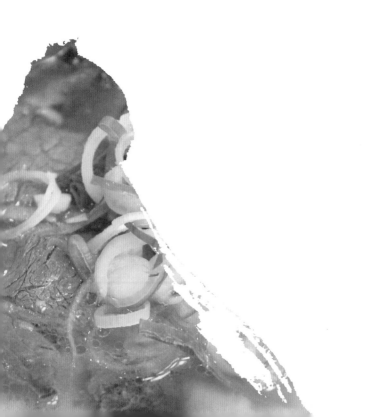

조선의 왕에게 얻어먹다

　　서울에는 조선 한양의 흔적이 건물로 남아 있다. 조선의 정궁인 경복궁이 북악산 아래에 펼쳐져 있고, 그 정면을 보고 왼쪽에는 사직, 오른쪽에는 종묘가 있다. 사직과 종묘는 왕이 제사를 지내는 장소이다. 조선을 유교국가라 흔히 말한다. 이 말은, 왕은 조선이라는 국가의 통치자이면서 유교라는 종교의 제사장이기도 하였다는 뜻이다. 조선의 왕은 1년에 170여 차례의 제사를 지낸 것으로 알려져 있다. 사직에서는 농사와 관련한 제사를 지냈는데, 농사와 관련한 조선 왕의 제사 장소가 또 하나 있었다. 동대문 근처의 선농단이다. 이 선농단은 제사 외에 조선의 왕이 직접 논밭을 가는 행사를 하였다는 특징이 있다.

　　조선의 왕이 백성의 일을 한다는 것은 신분사회인 조선에서는 큰 이벤트였을 것이다. 구경거리 없었을 당시를 생각하면 20만 명에 달했다는 사대문 안의 조선 사람들이 이 선농단에 다 모였을 수도 있다. 그런데 사료를 보면 조선 왕의 이 친경 행사가 그다지 자주 열린 것 같지는 않다. 요즘의 대통령 모내기처럼 정치적 쇼를 하여 민심을 얻을 필요가 없는 세습종신제의 왕이니 친경이 귀찮은 일일 수도 있고, 사람들이 많이 모이는 것이 조선 왕가에 부담스러운 일일 수도 있다.

설렁탕은 이 선농단에서 먹었던 음식이라는 설이 퍼져 있다. 왕의 논밭갈이 행사에 동원된 소를 잡아 큰 솥에 삶아서 그 탕국에 밥을 말아 이 행사에 구경 나온 백성을 먹인 음식이라는 것이다. '선농단의 탕'이니 선농탕이라 하였다가 설농탕 → 설렁탕으로 변하였다는 설명이 이 설의 뒤에 꼭 따라붙는다.

설렁탕의 선농단 유래설은 한때 그냥 '썰'일 뿐이었다. 그 설이 잘못되었다는 근거 있는 주장이 충분히 있었기 때문이다. 특히 한국 음식문화 연구에 탁월한 업적을 남긴 고 이성우 교수는 1982년에 낸 《한국식품문화사》에서 이 선농단 유래설에 대해 꼭 집어서 '어거지'라고까지 하였다.

영조(1724~1776) 대에 간행된 것으로 보이는 몽고어사전인 《몽어유해蒙語類解》에 의하면 몽고에서는 맹물에 고기를 넣고 끓인 것을 '空湯(공탕)'이라 적고 '슈루'라 읽고 있다. 맹물에 소를 넣고 끓인다

동대문구에서는 매년 봄 선농단에서
조선 왕의 친경을 재연하는 행사를 연다.
이 행사에 가면 설렁탕을 한 그릇 거저먹을 수 있다.

면 곰탕이나 설렁탕의 무리이다. 따라서 곰탕은 '空湯'에서, 설렁탕은 '슈루'에서 온 말이라고 봤으면 한다. 오늘날의 곰탕과 설렁탕은 동류이종일 따름이다. 설렁탕을 선농단에 결부시키는 속설은 아무리 생각하여도 후세의 어거지 설인 듯하다.

그러나 설렁탕의 선농단 유래설은 그 근거 없음에도 지금도 강력하게 살아 있다. 설렁탕을 먹을 때면 꼭 이 이야기를 듣게 된다. 설렁탕 식당 벽에도 으레 이 이야기가 쓰여 있다. 선농단이 있는 동대문구에서는 1990년대 초부터 매년 선농단에서 왕의 친경 행사를 재현하면서 설렁탕을 끓여 참가자에게 나누어 주는 행사도 하고 있다.

서울음식의 역사를 추적하다 보면 봉송封送 풍습 이야기를 듣게 된다. 조선 왕족이 음식을 남겨 관료들의 집으로 건네주는 것이 봉송이다. 이 봉송 풍습 덕에 조선 왕가의 음식이 한양 양반가의 음식문화를 풍성하게 하였다는 말이 뒤따른다. 양반들이 왕가의 음식을 맛보고 이를 따라 하였다는 것이다. (이 풍습을 대한민국에서도 이어받고 있는데, 명절이면 지역의 농특산물을 대통령의 이름으로 여기저기에 선물한다. 대통령의 '봉송' 물건으로 선택된 농특산물은 단숨에 명품 반열에 오른다.) 그러니 서울음식을 정의할 때 조선 왕가의 음식과, 조선 왕가의 음식을 본받은 양반가의 음식으로 하자는 주장도 있다.

설렁탕의 선농단 유래설은 설렁탕이 서울음식이라는 강력한 근거가 될 수 있다. 왕의 논밭갈이 행사장에서 나누어 준 음식이니 조선 왕가의 '영광'과 퍽 밀접한 음식으로 여겨질 법하다. 조선에서 봉송을 받았던 권세가의 후손은 아니었어도, 서울에 살면서 설렁탕집에 앉아 조선 왕가의 '국물'을 얻어먹는 영광이라도 즐기고 싶어 그 근거도 없는 선농단 유래설을 자꾸자꾸 말하고 있는 것이 아닌가도 싶다.

설렁탕은 먼 선사시대부터 있었다

설렁탕(또, 곰탕)이라는 이름이 고려시대 몽골에서 온 말이라 하여도 소의 여러 부위를 넣고 끓이는 음식이 고려시대부터 있었다고는 말할 수 없다. 한반도에서는 선사시대 때부터 소를 가축으로 키웠다. 2,000년 전의 김해 유적지에서 쇠뼈가 나온 적도 있다. 그러니, 설렁탕이라는 그 단순한 조리법을 보면, 한반도 사람들은 먼먼 옛날부터 지금의 설렁탕 비슷한 음식을 먹었을 것이다.

한반도의 국과 탕은 잡다한 푸성귀를 넣고 끓이는 것이 일반적인데, 설렁탕은 뽀얀 색의 국물에 고기 몇 점만 들어 있다. 푸성귀를 넣고 양을 늘리는 여타의 국이나 탕에 비해 설렁탕의 고기 낭비가 심할 것으로 보이지만 실제로는 그렇지도 않다. 설렁탕의 국물은 흐리고 흐려 제조 단가가 그리 높지 않은 음식이다. 1930년《동아일보》기사에 보면 경성 시내 음식점조합이 음식 가격을 일제히 내리기로 하였는데, 냉면, 장국밥, 어복장국, 떡국, 대구탕반 등은 15전으로 정한 데 비해 설렁탕은 10전으로 하였다고 보도하고 있다. 또, 그즈음 화교의 호떡집이 번창하여 그 많던 설렁탕집이 문을 닫고 있다는 기사도 보인다. 일제강점기 경성에서는 설렁탕이 싸고 흔하였던 것이다.

일제강점기에 설렁탕이 쌌던 이유 중 하나는 소가 많았기 때문이다. 제국주의의 기본적인 속성은 식민지에서 경제적 가치가 있는 것을 빼앗는 것이다. 이를 위해 제국주의자들은 식민지의 낱낱을 조사한다. 일본 제국주의자들이 한반도를 병합하면서 제일 먼저 한 일은 한반도의 농·수·축산물을 조사하는 것이었다. 그 조사에서 한반도의 소(한우라는 이름은 1950년대에 작명된 것이다)가 그들의 눈에 들었고, 그래서 적극적인 소 사육 정책을 폈다. 그렇게 하여 1930년대 말 한반도의 소는 180만 마리에 이르렀는데, 2010년대 국내 한우 마릿수가 평균 250만 마리 내외인 것을 감안하면 엄청난 숫자의 소라 할 수 있다(당시 한반도 내 인구는 2000만 명을 겨우 넘겼다). 그 당시에는 쇠고기가 돼지고기보다 쌌으며, 그래서 설렁탕도 아주 쌌던 것이다.

그러던 소가, 제2차 세계대전과 한국전쟁을 거치면서 그 수가 급격하게 줄어 1950년대 중반에는 40만 마리도 되지 않았다. 당연히 쇠고기 가격은 올랐고, 설렁탕 값은 해장국이나 찌개백반 등 여타 끼니의 음식보다 훨씬 비싸졌다. 그 시절의 서울 시민은 가난하였고, 멀건 고깃국일 뿐인 설렁탕은 보양음식이 되었다. 월급날이나 곗돈 타는 날 정도 되어야 설렁탕 한 그릇을 먹을 수 있었다.

곰탕과 어찌 다른가

설렁탕은 애초 서민의 음식으로 인식되어 있던 것이라 가격 상승에 대한 저항이 있었다. 그렇게 하여 새롭게 등장한 명칭이 곰탕이다. 곰탕은 애초 설렁탕의 한자 표기인 공탕空湯에서 온 것인데, 사람들은 '오랜 시간 푹 곤 탕'이라는 뜻으로 받아들였다. 몸에 좋은 음식으로 느껴지는 이름으로는 곰탕이 설렁탕 위에 있었다. 곰탕은 그 재료에 따라 사골곰탕, 양곰탕, 우족곰탕 등으로 분화되었고, 설렁탕과 차별화된 '특 보양음식'으로 자리를 굳혔다.

곰탕과 설렁탕이 다른 음식이라는 주장이 있기는 하다. 1800년대 말엽의 책인 《시의전서是議全書》에는 고음이라는 음식이 나오는데, 이를 곰탕의 하나로 볼 수도 있다는 주장이 있다. "다리뼈, 사

곰탕과 설렁탕은 같은 음식, 다른 이름이었다가 뼈 없이 고기와 내포만으로
국물을 낸 것은 곰탕으로 분화되었다. 식은 밥에 고기 몇 점 올리고
따끈한 국물로 토렴하여 내는 방식도 같다.

태, 도가니, 홀때기, 꼬리, 양, 곤자소니, 전복, 해삼을 큰 솥에 물을 많이 부어 넣어 뭉긋한 불에 푹 고아야 맛이 진하고 뽀얗다." 전복에 해삼까지 들었으니 참 화려한 음식이다. 이때까지만 하더라도 설렁탕이라는 이름은 없었다. 1940년에 나온 홍선표의 《조선요리학朝鮮料理學》에는 곰국과 설렁탕을 구별하여 적고 있다. 곰국은 지금의 곰탕과 비슷하다. "사태, 쇠꼬리, 허파, 양, 곱창을 덩이째로 삶아 반숙이 되었을 때 무, 파를 넣어 간장을 조금 넣고 다시 삶는다. 무르도록 익으면 고기나 무를 꺼내어 잘게 썰어 열즙熱汁에 넣고 후추와 파를 넣는다"라고 하였다. 설렁탕은 "쇠고기의 잡육, 내장 등 소의 모든 부분의 잔부殘部를 뼈가 붙어 있는 그대로 하루쯤 곤다"라고 하였다. 곰국은 고기와 내장을 넣고 그리 오래 끓이지 않으며, 설렁탕은 고기와 내장 외 뼈까지 넣어 장시간 끓이는 것이 다르다 할 것이다.

예전의 그 구별이 어떠하든, 2013년 현재 곰탕과 설렁탕은 조리법이 뒤섞이고 있다. 소의 온갖 잡부위를 넣어 끓이는 설렁탕은 뼈가 많이 들어가 국물이 뿌옇게 되는데, 식당에 따라서는 곰탕만큼 맑은 국물을 내기도 한다. 여러 부위를 넣으면 잡냄새가 나므로 이를 피하기 위해 쇠머리, 뼈, 양지머리, 사골만 넣고 끓인 것을 설렁탕이라 부르기도 한다. 최근에는 이 쇠머리까지 빼고 끓이는 설렁탕도 있다.

1980년대 이후 서울의 외식업체들은 포악한 상술의 극치를 보여주었다. 만인에 대해 만인이 외지인인 이 서울에서 상도의 따위는 별로 중요한 일이 아니게 된 것이다. 설렁탕은 국물이 탁해야 제대로 끓인 것이라는 관념이 있어, 이 탁한 국물의 설렁탕을 만들기 위해 온갖 술수가 동원되었다. 팜유로 만들어진 프림을 설렁탕에 풀기도 하고 쇠뼈를 갈아 타기도 하였다. 입술에 찐득한 무엇을 느끼게 하기 위해 닭발 국물을 더하기도 하였다. 수십 년 전통의 설렁탕집이 수입육 설렁탕을 한우 설렁탕이라 속여 팔다가 적발되었으며, 유명 설렁탕 프랜차이즈업체는 설렁탕에 곡물가루를 집어넣은 것이 발각되자 자신들의 노하우라고 강변하였다. 돼지뼈 국물을 더한 설렁탕집이 무더기로 텔레비전 고발 방송에 등장한 적도 있다. 그럼에도, 서울의 시민들은 설렁탕 그릇을 놓을 생각이 없다. 그 속임수의 설렁탕집들은 여전히 문전성시를 이루고 있다.

시인 김수영이 1965년에 〈어느 날 고궁을 나오면서〉에서 이렇게 읊었다.

왜 나는 조그만 일에만 분개하는가
저 왕궁王宮 대신에 왕궁의 음탕 대신에

오십 원짜리 갈비가 기름덩어리만 나왔다고 분개하고

옹졸하게 분개하고 설렁탕집 돼지 같은 주인년한테 욕을 하고

옹졸하게 욕을 하고

......

설렁탕집 식탁에 앉으면 고기 몇 점의 멀건 설렁탕 너머의 벽면에서 선농단 유래의 설렁탕 스토리를 으레 보게 된다. 더 나쁘게는, 선농단 행사 사진이라며 왕의 분장을 한 남자가 설렁탕 한 그릇 디밀고 있는 장면이 눈앞에 가득차게 된다. 그 설렁탕을 먹으며 온갖 술수가 난무하는 이 비정의 설렁탕에 대해 이러쿵저러쿵 말을 나누게 될 것인데, 설렁탕의 온갖 술수에 옹졸하게 분개하고 욕하다가도 식당 벽면에 붙은 선농단 행사 사진을 보며 그 뽀얀 국물이 백성을 어여삐 여기는 조선 왕가의 봉송 전통을 잇는 것이라 생각하면서 뜬금없는 뿌듯함으로 그 미지근한 국물을 들이켜는 것이다. 서울은 아직, 가끔, 봉건이다.

2

종로 빈대떡

빈대떡은 녹두를 갈아 부치는 전이다. 돼지기름으로 부친다.
돼지 비계를 손에 넣고 불 위에 올리면 맑은 기름이 나오는데,
이를 부어 놓고 빈대떡을 부친다. 빈대떡은 한반도 전역에서 먹던 음식이다.
녹두가 흔하였기 때문이다. 녹두는 거친 땅에서도 잘 자라는 식물이다.
특별히 가꾸지 않아도 된다. 야산 귀퉁이 자갈밭에 심어도 된다.
아무렇게나 두어도 잘 자라는 녹두는 조선의 민중을 닮았다.
전봉준이 키가 작아 녹두장군이었던 것만은 아니다.

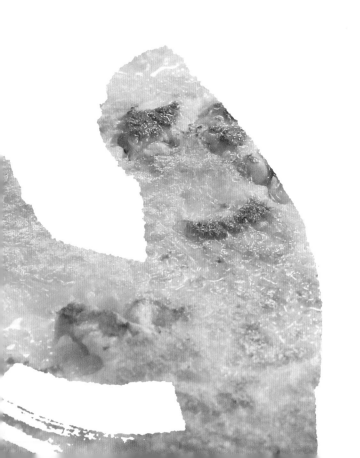

가난도 낭만이게 하다

1970년대까지만 하더라도, 강남이 삐까번쩍한 건물들 틈으로 속물의 서울내기를 불러 모으기 전까지만 하더라도, 사대문 안이 진짜 서울이었다. 사대문 밖 서울의 변두리에 살면서 "시내 나간다" 하면 광화문 네거리를 중심으로 한 종로, 무교동, 명동 따위의 동네에 마실 나가는 일을 뜻했다. 일거리가 여기에 있었고, 그 일거리를 나눌 사람들이 여기에 모였다. 그 일거리의 정보를 듣기 위해서도 여기 광화문 네거리 근처로 와야 했다. 조선 건국 이래로 서울의 허브는 이 사대문 안이었다.

한국전쟁은 서울을 초토화하였다. 멀쩡한 건물이 없었다. 일제가 남겨 놓은 조그만 근대의 흔적들도 깨져 나갔다. 전쟁으로 인한 폐허는 그 상처를 계속 상기하게 하므로 애초 아무것도 없던 땅에서 사는 것보다 못할 수도 있었다. 다행인 것은, 애초 서울이 어떤 모습이었는지 알지 못하는 사람들로 서울이 순식간에 채워졌다는 것이다. 예부터 서울에 살았던 사람이라 하여도 그 폐허를 가슴에 오래 담아 둘 수는 없었을 것이다. 먹고살아야 할 일이 더 급하였을 것이니.

1980년대 급격한 경제성장으로 인한 외식산업의 팽창이 있기 이전, 사대문 안의 식당들은 초라하였다. 기껏해야 백반에 국밥, 설렁탕, 자장면을 팔았다. 대로변의 가게에 식당을 차린다는 생각을 할 수가 없었다. 단가 높은 메뉴를 걸어도 사 먹을 사람이 적었기 때문이다. 그래서 식당들은 뒷골목에 진을 쳤다. 대로에서 골목으로 꺾어 들어가면 조그만 식당들이 닥지닥지 붙어 영업을 하였다.

사대문 안에는 좁은 골목이 거미줄처럼 쳐져 있는데, 조선시대에 서울의 대로는 양반의 길이었고 이 좁은 골목은 아랫것들의 길이었다. 광화문 네거리에서 동대문까지 종로대로를 따라 왼쪽으로 난 조그만 골목인 피맛길이 대표적이다. '말을 피하는 길'이라는 이름인데, 양반이 탄 말을 피한다는 뜻보다 양반을 말이라 여기고 이런 이름을 붙였을 수도 있다. 많은 양반들이 가마를 타고 다녔다.

사대문 안 뒷골목 식당들은 밥집 겸 술집이었다. 끼니 따로 먹고 술 따로 마실 여유가 없는 소비자들을 상대해야 하니 이런 영업 형태는 당연한 일이었다. 국밥에 술국도 있고, 설렁탕에 뼈다귀찜이 있고 하는 식이었다. 이런 음식들 틈에 빈대떡이 있었다. 지금처럼 빈대떡을 전문으로 파는 식당은 없었다. 국밥도 있고 빈대떡도 있고, 백반도 있고 빈대떡도 있고, 족발도 있고 빈대떡도 있고 하였다.

왜 빈대'떡'인가

빈대떡은 녹두를 갈아 부치는 전이다. 돼지기름으로 부친다. 돼지 비계를 솥에 넣고 불 위에 올리면 맑은 기름이 나오는데, 이를 부어 놓고 빈대떡을 부친다. 빈대떡은 한반도 전역에서 먹던 음식이다. 녹두가 흔하였기 때문이다. 녹두는 거친 땅에서도 잘 자라는 식물이다. 특별히 가꾸지 않아도 된다. 야산 귀퉁이 자갈밭에 심어도 된다. 아무렇게나 두어도 잘 자라는 녹두는 조선의 민중을 닮았다. 전봉준이 키가 작아 녹두장군이었던 것만은 아니다.

빈대떡의 어원에 대한 여러 설들이 있다. 가장 흔히 듣는 것이 빈대賓待떡, 즉 귀빈을 접대하는 떡이라는 말에서 온 것이라는 설이다. 또 그만큼 흔한 것이 빈자貧者떡, 즉 가난한 자의 떡으로 빈자떡이라 하다가 빈대떡으로 바뀌었다는 설이다. 빈대가 이, 벼룩의 그 빈대이며 빈대 많은 동네에서 이를 즐겨 먹어 빈대떡이라 이름이 붙었다는 말 같지도 않은 설도 있다. 가장 근거 있는 것은, 옛 문헌에 '빙자'가 보이는데 이게 한자인 餠藷(병저)의 다른 표기이고 빙

빈대떡에 막걸리 한 잔. 빈대떡은 서울 사람들이 뒷골목에서 먹는
끼니 겸 안주이다. 서울의 빈대떡에는 굴과 조개를 쉬어 담근 젓갈이 따라나온다.
빈대떡 위에 올려 먹는다.

자→빈자→빈대로 바뀌었다는 설이다.

빈대의 어원에 대해 또 하나 신빙성 있는 설은, 빈대가 녹두의 우리말이라는 주장이다. 한자로 녹두綠豆는 '푸른 콩'이라는 뜻이다. 녹두의 사투리(또는 옛말)에 푸르대가 있다. 사전에도 올라 있는 단어다. 우리 민족은 콩 이름에 '-태'라는 접미어를 붙였다. 서리태, 백태, 흑태, 오리알태…… 이를 한자로 '-太'라 쓰지만 이 한자는 표기를 위해 빌려 온 것일 뿐이다. 중국과 일본에서는 콩을 '-太'라 하지 않는다. 푸르대의 '-대'는 '-태'와 같은 것으로 콩을 말한다. 이 푸르대가 풀대→분대→빈대로 변했을 것이라는 주장이다.

사람들은 빈대의 어원에 대해 관심이 많은데, 빈대떡이라는 이름에서 더 흥미롭게 봐야 하는 것은 빈대 뒤에 붙어 있는 '떡'이다. 빈대'전'이 아니라 빈대'떡'이라.

떡의 분류에 '지지는 떡'이 있다. 부꾸미, 노티, 화전(진달래전, 국화전), 총떡, 권전병, 주악, 산승 등이 그 떡에 들어간다. 주요 재료가 쌀, 찹쌀, 수수, 메밀 등의 곡물이니 그 반죽을 번철에 지져도 떡이라 분류하였을 것이다. 그런데 이들 지지는 떡에는 '떡' 자가 잘 붙지 않는다. 화전은 아예 '전'이다. 빈대떡은, 지방마다 조금씩 다르지만, 채소와 고기 등을 넣고 지져 내는 방법이나 모양새는 파전이나 김치전, 고기전 따위처럼 전의 일종으로 보인다. 제사상에서도 전으로 분류되며, 빈대떡집에서도 다른 여러 전과 함께 빈대떡을 전처럼 부친다. 녹두전, 녹두빈대전, 빈대전 등으로 불리기도 하지만 대부분의 지역에서 대부분의 사람들이 빈대떡이라 한다.

조선에서도 녹두는 흔하였고 따라서 빈대떡은 쉬 해 먹는 음식이었을 것이다. 조선의 장시에서 빈대떡이 팔렸을 것으로 충분히 짐작할 수 있다. 빈대떡이라는 명칭은 1920년대 문헌에 흔히 등장하니 조선에서도 그렇게 불렀을 것이다. 이를 전이라 하지 않고 떡이라 한 것은 빈대떡을 끼니로 먹었기 때문이지 않을까 추측해 볼 수 있다. 예부터 떡은 밥과 같은 끼니의 음식으로 여겼다. 그래서 녹두를 갈아 전처럼 부친 것이라 하여도 끼니의 음식이니 빈대떡이라 불렀을 것이라는 생각이다. 일제강점기에도 서울 뒷골목에서는 끼니로서의 빈대떡이 팔렸을 것이고, 한국전쟁 이후로도 오랫동안 그랬을 것이다. 빈대떡에 대포 한잔의 끼니.

무심한 빈대떡

서울 사대문 안 골목골목에는 빈대떡 파는 집이 아직 많다. 피맛길이 재개발되었어도 그 골목의 오랜 빈대떡집들은 다른 골목으로 자리를 옮겨 버티고 있다. 빈대떡집의 손님들은 빈대떡집만큼 나이가 들었다. 사대문 안이 진짜 서울이며 광화문 네거리가 아직 서울의 허브라 생각하는 '늙은' 서울 사람들이 빈대떡에 막걸리를 마신다. 가게는 탁자를 조밀하게 놓아 서로의 말소리가 뒤섞여 소란스럽다. 고소한 돼지 비계 냄새와 시큼한 막걸리 냄새가 그 소란과 겹쳐 잔칫집 같다. 이 늙은 서울 사람들은 고향집 잔칫날의 마당에 앉아 있는 것으로 착각할 수 있을 것이다. 서울이 고향이라고 착각할 수도 있을 것이다.

김종삼이라는 시인이 있었다. 1921년에 나 1984년에 죽었다. 그는 보헤미안이었고 무산자였다. 동경 유학까지 하였지만 변변한 직장은 없었다. 한국전쟁과 개발연대의 시간을 음악과 시 안에서 살다 갔다. 그의 시 〈누군가 나에게 물었다〉는 1983년에 나온 시집에 실린 것이다. 그 시 안에서 시인은 서울의 중심을 걷는다, 무교동, 종로, 남산, 서울역 앞을 걸어 남대문시장 안에 이른다. 거기서 시인은 빈대떡을 먹는다. 자신처럼 빈대떡을 먹는 사람들을 보며 그는 그들이 시인이라고 말한다. 시인이 못 된다는 시인이 빈대떡 먹는 사람들에게 시인이라 한다.

빈대떡은 호사스러울 것도 없고, 그렇다고 가난할 것도 없다. 녹두 갈아 숙주 있으면 넣고, 돼지고기 있으면 넣고, 고사리 있으면 넣고, 이도 저도 없으면 아무것도 안 넣어도 된다. 돼지기름이면 좋고, 콩기름이어도 나쁜 것이 아니다. 물렁한 녹두 반죽이 고소한 기름에 절면서 겉이 바싹하게 튀겨지듯 구워지면 된다. 그 무심한 빈대떡에서 시인은 무심한 서울의 삶을 보았을 것이다.

누군가 나에게 물었다

김종삼

누군가 나에게 물었다. 시가 뭐냐고

나는 시인이 못 됨으로 잘 모른다고 대답하였다.

무교동과 종로와 명동과 남산과

서울역 앞을 걸었다.

저녁녘 남대문 시장 안에서

빈대떡을 먹으면서 생각나고 있었다.

그런 사람들이

엄청난 고생 되어도

순하고 명랑하고 맘 좋고 인정이 있으므로

슬기롭게 사는 사람들이

그런 사람들이

이 세상에서 알파이고

고귀한 인류이고

영원한 광명이고

다름 아닌 시인이라고.

3

신림동 순대

시장 골목에 예닐곱의 순댓집이 어깨를 나란히 하고 몰려 있는 것은 전국이 똑같다.
식당 앞에는 돼지 머리가 놓여 있고 그 곁에는 커다란 솥이 두어 개 걸려 있다.
한 솥에는 돼지뼈를 곤 국물이 끓고 있고, 또 한 솥에는 순대와 내장, 머릿고기가
데워지고 있다. 순대는 내장, 머릿고기와 한 접시에 담겨 나오거나 돼지뼈 국물을
더하여 순댓국으로 식탁에 놓인다. 순대는 대한민국 모든 서민의 음식인 것이다.
신림시장. 그러니까 봉천동, 신림동, 난곡동의 달동네 주민들이 읍내라고 여겼을 법한
그 공간의 시장에 순대가 있는 것은 당연한 일이다.

전라도의 이름으로

신림동 순대를 흔히 신림시장 순대라 부른다. 시장 좌판에서 시작된 음식이라는 흔적이 이름에 남아 있는 것이다. 신림시장은 이제 없다. 1990년대 초에 이를 허물고 상가건물이 들어섰다. 그 상가건물에 순대 가게들이 집단으로 들어가 영업을 하고 있다. 이를 신림동 순대타운이라 부른다.

나는 1982년 겨울부터 14개월 동안 공군사관학교(지금의 보라매공원 자리)에서 방위병으로 근무하였다. 가슴팍에 방위 마크가 달린 '개구리복'을 입고 도시락 가방을 들고 출퇴근을 하였다. 퇴근을 하면 방위 동기들과 으레 신림시장에 순대를 먹으러 갔다. 여기에 막걸리가 항상 따랐다.

신림시장은 신림동 사거리에 있었다. 시장은 지붕으로 덮여 있었다. 나무 골조에 양철 지붕이었던 것으로 기억하고 있다. 지붕 안의 공간은 높고 넓었다. 시장 한 귀퉁이에서 보면 건너편의 사람이 가물거릴 정도였다. 그 넓은 시장에 여러 장사꾼들이 칸칸이 제 구역을 차지하고 있었는데, 그 사이에 순대볶음을 파는 좌판이 10여 곳 있었다. 주인이 커다란 불판을 앞에 두고 앉았고, 그 앞으로 손님이 앉는 조그만 탁자가 있었다. 지금과는 달리 주인이 불판에 순대와 채소를 볶아서 접시에 담아 내주었다. 가격은 무척 쌌고, 그래서 이 지역의 노동자, 대학생, 또 방위들이 많이 먹었다.

군 면제면 신의 아들, 방위병이면 장군의 아들이라는 말이 있지만, 당시 방위들은 빈자의 아들이 더 많았다. 가방끈이 짧아서, 가정 형편이 좋지 않아서 방위가 되었다. 다른 지역은 어떤지 알 수 없으나 공군사관학교의 방위들은 가난한 집안의 자식들이 특별히 더 많았던 것은 아니었나 생각한다. 방위는 출근하지 않으면 탈영자가 되는데, 이런 사고가 허다하였다. 헌병에게 잡혀 들어온 그들의 변명은 이런 것이었다. "가족 중에 돈벌이할 수 있는 사람은 나밖에 없다. 노가다 뛰느라 출근 못 했다."

농촌 인구의 서울 유입은 일제강점기부터 있었다. 농촌 경제 구조의 변화에 따라 땅을 얻지 못한 소작농이 많아졌고, 이들이 일자리를 찾아 서울로 이주한 것이라는 해석이 일반적이다. 그러나 조선의 농촌 사정이 일제강점기 때보다 나았다고 볼 근거가 별로 없으므로, 일제 때 서울로의 이주가 조선에서보다 여러 면에서 더

쉬워졌기 때문에 늘었다고 하는 게 맞을 것이다. 초기의 이주민들은 돈암동, 신당동, 아현동 등지에 진을 쳤다. 한국전쟁 이후 서울 유입 인구는 급격하게 늘어나게 되는데, 전쟁으로 파괴된 한반도에서 그래도 일자리와 먹을거리가 서울에 많을 것이라 여기고 모여든 것이었다. 청계천변을 비롯한 서울 곳곳에 판자촌이 세워졌다. 1960년대에 들어 정부는 도심의 판자촌 주민들을 서울 변두리로 밀어내었다. 이 철거민을 위한 서울 변두리 중 하나가 관악산 북쪽 사면인 신림동, 봉천동, 난곡동 일대였다. 달동네라는 이름도 이즈음에 생겼다.

신림시장이 있던 신림동 사거리는 이 달동네 주민들이 밖으로 나다니는 길목 중 하나였다. 관악산에서 내려오는 도림천변을 따라 달동네를 내려오면 신림동 사거리에 이르는데, 이 사거리의 왼쪽으로는 구로공단이 있고 오른쪽으로는 낙성대 고개를 넘어 사당에 이르고 곧 강남에 닿게 된다. 1970년대 구로공단에는 '수출역군'이, 삽질이 한창이었던 강남에는 '노가다'가 필요하였다. 달동네 주민들은 아침이면 신림동 사거리까지 나와 왼쪽으로 오른쪽으로 흩어져 일을 하다가, 밤이 되면 다시 신림동 사거리를 거쳐 자신들의 달동네 보금자리로 돌아갔다.

그러니까 신림동 사거리는 달동네 주민들에게 예전 농촌에서 살 때의 읍내 비슷한 공간으로 느껴졌을 것이다. 1990년대 초까지 신림동 사거리에는 큰 규모의 읍내에 있음직한 허름한 극장도 있었고, 색싯집 골목도 있었고, 동네 양아치도 있었고, 야바위꾼도 있었고, 술주정뱅이도 있었다. 또, 달동네에 사는 청년들은 공군사관학교 방위가 되어 밤에는 이 주변을 돌아다녔다. 그리고 순대도 있었고, 지금도 있다.

핏골집과 혈장탕

순대는 돼지의 작은창자로 만드는 것이다. 작은창자를 뒤집어 말끔하게 씻은 다음에 선지와 숙주, 우거지, 찹쌀 등을 채워 찐 음식이다. 순대는 흔히 서양의 소시지와 비교된다. 돼지 창자에 돼지의 여러 부위를 넣는 조리법이 비슷해 보이기 때문이다. 그러나 조리법과 모양이 비슷하다 하여도 그 맛과 먹는 방법이 다르면 그 유사성은 별 의미가 없다. 어느 민족이 어떤 동물을 잡아먹든지 창자에 피와 여러 재료를 넣고 익히는 방식은 시도해 볼 만한 것이며, 따라서 이 음식들이 민족마다 낱낱으로 존재한다 해서 곧 각 민족의 음식문화가 한 계통에 있는 것이라고 판단할 일은 아니다.

순대를 이르는 옛말에 핏골집이 있다. 순대가 어떻게 만들어진 음식인지 잘 드러내는 말이다. 지금의 순댓국은 혈장탕血臟湯이라고도 하였다. 반면에 옛날 순댓국은, 지금의 순대가 들어가지 않는, 돼지내장탕으로 묘사되어 있는 기록이 있다. 순대는 단지 돼지 창자를 이르는 말이었을 수 있는 것이다. 지금의 순대는 한국전쟁 이후에 널리 퍼진 음식인데, 대중의 음식이 되면서 듣기 거북한 핏골집과 혈장탕을 버리고, 대신에 돼지 창자를 뜻하는 순대를 그 의미를 확장해 사용하고 있는 것이다. 요즘 한국의 순대는 찹쌀 대신에 당면이 주로 들어간다. 선지도 많이 넣지 않는다. 단가를 맞추기 위한 것이다.

순대가 서민음식의 상징이 된 것은 한국 양돈산업이 제법 규모를 갖추기 시작한 1970년대 들어서의 일이다. 돼지를 많이 키워 봤자 서민들에게 돼지고기는 여전히 귀한 것이었다. 맛있는 살코기인 안심과 등심은 일본으로 수출되었다. 한국인은 기름 많은 삼겹살과 뼈에 겨우 살이 붙어 있는 돼지갈비를 맛있는 부위라 여기고 구워 먹었다. 다릿살은 돼지불고기, 발은 족발이 되었다. 이들 부위조차 먹지 못하는 서민들에게는 머릿고기와 내장이 주어졌다. 시골 오일장에 순대 골목이 형성된 것은 이때의 일이다. 시장 골목에 예닐곱의 순댓집이 어깨를 나란히 하고 몰려 있는 것은 전국이 똑같다. 식당 앞에는 돼지 머리가 놓여 있고 그 곁에는 커다란 솥이 두어 개 걸려 있다. 한 솥에는 돼지뼈를 곤 국물이 끓고 있고, 또 한 솥에는 순대와 내장, 머릿고기가 데워지고 있다. 순대는 내장, 머릿고기와 한 접시에 담겨 나오거나 돼지뼈 국물을 더하여 순댓국으로 식탁에 놓인다. 순대는 대한민국 모든 서민의 음식인 것이다. 신림시장, 그러니까 봉천동, 신림동, 난곡동의 달동네 주민들이 읍내라고 여겼을 법한 그 공간의 시장에 순대가 있는 것은 당연한 일이다.

달동네 사람들의 읍내

신림동 순대는 철판에 순대와 채소를 놓고 볶는 음식이다. 옛 신림시장에 이런 스타일의 순대가 등장한 것은 1970년대 중반의 일이다. 한국에서 순대 대중화가 시작된 딱 그 시점이다. 신림동 순대의 조리법은 원조가 누구인지 알 수 없으며, 굳이 알 필요도 없다. 철판에 순대와 채소를 함께 넣고 볶는 음식은 신림시장 외에도 서울의 여느 시장 골목에서 흔히 보는 음식이기 때문이다. 주목할 것은, 이 신림시장의 순대는 몇몇 집이 있는 정도에서 그친 것이 아니라 커다란 하나의 집단을 형성하였다는 점이다. 봉천동, 신림동, 난곡동의 달동네 사람들이 읍내라고 여겼을 법한 공간이라는 특성을 반영한다고 하여도 그 규모가 상당하여, 그 어떤 특별난 이유가 있는 것이 아닌가 생각해 보게 한다.

신림동 순대타운은 옛 신림시장 자리의 두 건물에 들어가 있다.

신림동 순대타운의 간판 이름은 온통 전라도 지명이다.
전라도 출신이 아니어도 여기서 순대를 먹을 때는 "나도 전라도다"라고 해야
이 순대의 맛을 느낄 수 있을 것이다.

몇 개의 층을 통째로 순대 가게들이 사용하고 있는데, 칸막이 없이 여러 가게들이 닥지닥지 붙어 있다. 시장에 좌판을 벌여 놓은 듯한 구조이다. 각각의 가게는 천장에 매단 간판으로 구별이 된다. 가게 이름들이 온통 전라도 지명이다.

전라도는 농업 지역이다. 한국 산업화에서 괄호를 친 지역이다. 일제강점기 이후 한반도의 경제에서 농업이 차지하는 비중은 점점 줄어들었고, 따라서 서울 유입 인구 중에 전라도 사람이 차지하는 비율은 상당히 높았다. 신림시장을 중심으로 한 달동네에 전라도 인구가 당연히 많았을 것이다. 전라도 사람들이 많으니 전라도 지명의 간판을 달아 손님을 끌었다고 보는 것이 가장 쉬운 해석이 될 것이다. 그렇다고 경상도, 충청도, 강원도, 경기도 사람들이 없었겠는가. 다 섞이어 살았을 것이다. 그럼에도 전라도음식일 것도 없는 저 순대를 팔면서 굳이 전라도 지명을 붙인 까닭은 무엇일까?

한강의 기적이라는 서울의 번창 뒤에는 빈부의 차라는 어둠이 있다. 그 어둠에 또 한 겹의 어둠이 포개져 까마득한 암흑으로 보이는 부분이 있는데, 빈부의 차에 겹쳐져 있는 지역 간 차별이다. 빈부의 차라는 한 겹의 어둠이, 생득적인 또 하나의 어둠으로 인해 더 짙게 드리워져 있다는 사실을 확인하는 것은 당사자에게 버거운 일일 것이다. 그 어둠은 벗어날 수 없는 천부의 것이라 여기고 좌절할 수도 있을 것이다. 당장에 해결될 수 없는 좌절이면 그 좌절들

끼리 모여 위무의 나날을 보낼 수밖에 없다. 그 좌절이 끝나기를 희망하며. 머리 위에 달려 있는 할아버지와 아버지의 고향 이름이 어둠의 근원이 아니라 지역적 자부심을 부여하는 이름으로 밝게 빛나는 것을 느끼며. 그러니, 그 이름 아래에서 먹는 순대에 맛을 어찌 따지겠는가. 서로 모이지 않을 수 있겠는가. 순대로써라도 번창해야 하지 않겠는가.

4

성북동 칼국수

성북동과 혜화동의 칼국숫집에는 칼국수만 있는 것이 아니다. 곁들이는 음식에
수육 또는 바싹불고기 그리고 문어숙회와 부침개가 있다. 부침개는 어전과
육전으로, 제사음식과 똑같은 모양을 하고 있다. 문어숙회도 경상도에서는
제사음식이다. 부침개와 문어숙회, 이 두 음식만으로도 이 칼국숫집은
경상도의 전통을 잇는 공간이라는 것을 강력히 주장한다. 또 한반도 어디에든
있었을 법한 건진국수 조리법을 두고 이 칼국숫집에서는 경상도식임을 강조한다.

골목길에 숨은 경상도의 권력

곡물의 반죽으로 국수를 만드는 방식에는 납면법拉麵法, 절면법切麵法, 압착법壓搾法이 있다. 납면법은 중국집 수타면 뽑는 방식을 떠올리면 된다. 탄력성 좋은 밀가루가 있어야 이 국수 제조법을 쓸 수 있다. 절면법은 곡물 반죽으로 반대기를 만들고 이를 돌돌 만 뒤 썰어서 국수를 만드는 방법이다. 칼국수가 이 제조법으로 만든 대표적 음식이다. 절면법은 곡물 반죽의 탄력 이 좋지 않아도 된다. 압착법은 구멍이 송송 뚫린 분창이라는 틀에 곡물 반죽을 넣고 눌러 뽑는 방식이다. 냉면이나 막국수를 이 방식 으로 만든다.

근대 이전 한반도에서는 절면법과 압착법으로 국수를 만들어 먹 었던 것으로 기록되어 있다. 국수를 만들 수 있는 곡물이 메밀·녹 두·수수 같은, 탄력이 좋지 않은 것이었기 때문에 납면법을 사용

할 수 없었다. 그러나 밀 재배가 일부 있었으니 납면법을 아예 쓰지 않은 것은 아니었을 것이다. 다만 한반도의 토종 밀은 연질밀로, 글루텐이 적어서 탄력 좋은 반죽을 얻지 못한다. 따라서 납면법으로 가느다랗고 식감 좋은 면을 만들기에는 많이 부족했을 것이다. 절면법과 압착법 중 널리 쓰인 것은 절면법이었을 것이다. 압착법은 국수틀이라는 다소 큰 기구가 있어야 하기 때문이다. 또 가마솥 위에 국수틀을 올려 국수를 뽑자면 장정 셋은 필요하다. 이에 반해 절면법은 홍두깨와 칼만 있으면 여자 혼자서도 잘 만들 수 있다.

한반도에서 메밀은 흔하고 밀은 귀하였다. 메밀에 녹두의 전분을 더하여 절면법이나 압착법으로 국수를 만들어 먹었다. 밀 칼국수는 서울 양반집에서도 귀한 손님이 왔을 때에야 내놓을 수 있었다는 말이 전해 온다. 이게 일제강점기에 바뀐다. 일본에서는 밀 재배면적이 꽤 되어 한반도로 밀을 수출하였다. 그때에 밀가루음식이 일반의 음식이 되었다. 또 이 밀과 함께 일본 우동이 들어와 한반도 국수의 주종을 이루게 되었다.

최진실 수제비와 박정희 칼국수

광복이 되면서 한국의 먹을거리는 많은 부분을 미국에 의존하게 되었다. 지금도 그렇지만 당시 미국은 농업 강국이었다. 잉여 농산물인 밀을 신생국에 싸게 넘겼다. 신생국에 대한 미국의 지배력을 강화하는 한 방법이었던 것으로 이 일을 해석하기도 하지만, 식량이 절대 부족했던 한반도 주민의 처지에서는 값싼 밀은 '고마운 것'이었다.

미국에서 건너온 값싼 밀가루는 전쟁으로 폐허가 된 한반도 주민들의 주요 양식이 되었다. 그 밀가루로 해 먹을 수 있는 가장 손쉬운 음식은 수제비였다. 밀가루 반죽을 하여 손으로 얇게 펴서 끓는 물에 던져 넣기만 하면 되는 음식이기 때문이다. 고추장이나 된장 또는 간장을 넣어 국물의 간을 맞추고 어떤 채소든 적당히 썰어 넣으면 되었다.

한국인은 수제비가 가난의 음식이라는 문화 코드를 공유하고 있다. 가난의 시대에 먹던 음식이니 잘살게 되면서 이를 버릴 만도 한데, 이를 추억의 음식으로 적극 받아들였다. 이는 당시의 가난은 일부 계층의 것이 아니었기 때문에 가능한 일이다. 모든 국민이 가난하였으니 그 가난은 부끄러울 것도 아니며 수제비도 부끄러울 게 아닌 것이다.

배우 고 최진실은 한국인이 가지고 있는 수제비에 대한 이 정서를 극적으로 보여 준 인물이었다. 최진실은 1968년, 가난의 시대 막바지에 태어났다. 그는 배우로 유명해졌지만 그 가난을 부끄러워하지 않았다. 고추장 넣고 끓였던 수제비 이야기를 수시로 하였다. 최진실 연배이거나 그보다 이르게 태어난 사람들 중에 고추장수제비 안 먹어 본 사람은 드물었다. 고추장수제비를 말하는 최진실에게 서 그 시절의 누이를 떠올리는 것은 당연한 일이었다. 고 최진실이 '국민 여동생'으로 각인되는 데에는 이 수제비가 한몫을 하였다.

최진실이 태어난 다음 해인 1969년, 박정희 정부는 혼분식 장려 정책을 적극 펼쳤다. 매주 수요일과 토요일을 분식의 날로 정해 강 제하였다. 쌀을 아끼자는 절미운동은 일제강점기부터 있어 온 정 책이었지만, 박정희 정부는 분식의 날을 정하면서 그 강도를 올린 것이다. 전국의 모든 식당에서 수요일과 토요일에는 분식을 팔게 하였다. 가정에서도 이날에는 분식을 하도록 대대적인 캠페인을 벌 였다. 학생들이 싸 가는 도시락도 혼분식을 하였는지 점검하였다.

이때 박정희가 내민 혼분식의 음식이 칼국수였다. 당시 언론은 박정희가 육영수가 해 주는 칼국수를 먹는다고 수시로 보도를 하 였다. 이에 따라 신문에는 칼국수 조리법이 수시로 실렸으며, 식품 영양학자들이 나서서 칼국수는 건강에 좋고 전통적이며 맛있는 음식이라는 관념을 국민의 머리에 각인시켰다.

그 당시 많은 한국인은 최진실처럼 수제비를 먹고 있었을 것인 데, 박정희가 혼분식의 상징 음식으로 수제비를 버리고 칼국수를 선택한 것은 매우 정치적인 일이라 할 수 있다. 비록 미국에서 준 구

1960년대의 명동이다. 명동은 일제강점기 때부터
강남이 본격 개발되기 전까지 서울 상권의 중심이었다.
그 당시 신사숙녀는 이 동네에서 놀았다.

호물자로 조리한 음식일망정 대통령의 음식이니 근원도 없고 때깔도 나지 않는 수제비를 먹는다 하는 것은 권위가 서지 않는 일이라 판단하였을 것이다. 그 밀가루 반죽을 홍두깨로 밀고 칼질을 하면 음식 때깔이 그런대로 살아 '요리'처럼 보인다는 데 박정희와 육영수는 '필'이 꽂혔을 것이다. 그렇게 하여 칼국수는 정치의 음식으로 거듭나게 되었다.

칼국숫집 간판이 작은 이유

분식의 날이 제정되던 바로 그해인 1969년, 성북동과 명동에 지금은 서울 칼국숫집의 상징이 된 '국시집'과 '명동칼국수'(지금의 '명동교자')가 각각 개업하였다. 이 두 칼국숫집은 칼국수가 서민의 음식이라는 기존 관념을 깨는 전략을 구사하였다. 조선 양반가의 전통이 그 칼국수에 담겨 있는 듯이 소문을 냈다. 성북동의 칼국수는 쇠고깃국물을, 명동의 칼국수는 닭고깃국물을 기본으로 하였다. 또 성북동은 경상도식 건진국수 전통을 따랐다 했고, 명동은 충청도식 제물국수 전통이라 주장하였다. 칼국수를 맹물에 삶아 건진 후 국물에 담아 내면 건진국수, 처음부터 국물에 칼국수를 넣고 끓이면 제물국수라 한다.

두 칼국숫집은 개업하자마자 정치인들의 단골식당이 되었다. 당시는 여야 관계없이 이 분식의 날에 적극 참여하는 모습을 보여야 국민 지지를 얻을 수 있다고 생각하였는데, 명색이 정치인이니 서민과는 격이 다른, 그러니까 전통이라 할 만한 '국물'이 담겨 있는 칼국수를 먹으려 한 것이다.

시간이 지나면서 이 두 칼국숫집은 그 주요 손님으로 인해 차별화되었다. 명동은 주변에 사무실이 많고 백화점 등 쇼핑 공간도 있으며 남산이 가깝다. 따라서 명동칼국수는 평일에는 직장인, 주말에는 가족의 외식 공간이 되었다. 또 1990년대 이후에 명동에 일본인 관광객이 몰리면서 그 관광객들이 주요 고객으로 자리를 잡았다. 반면에 성북동의 칼국수는 오랫동안 정치인의 칼국수 노릇을 했다. 특히 김영삼 전 대통령이 이 칼국수에 강한 애착을 보였는데, 청와대에 들어가서도 이 식당의 요리사를 불러 칼국수를 해 달라고 해서 먹었다.

성북동의 국시집은 핵분열을 해 스타일이 흡사한 여러 칼국숫집을 인근의 혜화동에까지 퍼뜨렸는데, 현재도 이들 칼국숫집에 가면 낯익은 정치인들과 마주칠 때가 있다. 한국의 정치인들은 유독 칼국수를 좋아하는 유전자라도 가지고 태어나는 것일까. 원조 칼국수 정치인 박정희는 사라진 지 오래되었고 칼국수만 먹는다고 욕까지 먹었던 김영삼도 이제 후일담의 정치 세상에서나 만날 수 있는

성북동 칼국수는 깔끔한 때깔을 하고 있어 '귀티'가 흐른다.
경상도 권력집단의 품격이 칼국수 그릇 안에 담겨 있는 듯하다.
하나, 나누는 음식이라는 풍성함의 이미지는 없다.

성북동과 혜화동의 칼국숫집에는 칼국수만 있는 것이 아니다. 곁들이는 음식에
수육 또는 바싹불고기 그리고 문어숙회와 부침개가 있다. 부침개는 어전과 육전으로,
제사음식과 똑같은 모양을 하고 있다. 문어숙회도 경상도에서는 제사음식이다.

데, 왜 아직 성북동과 혜화동 칼국숫집에는 정치인들의 그림자가 어른거리는 걸까.

성북동과 혜화동의 칼국숫집에는 칼국수만 있는 것이 아니다. 곁들이는 음식에 수육 또는 바싹불고기 그리고 문어숙회와 부침개가 있다. 부침개는 어전과 육전으로, 제사음식과 똑같은 모양을 하고 있다. 문어숙회도 경상도에서는 제사음식이다. 부침개와 문어숙회, 이 두 음식만으로도 이 칼국숫집은 경상도의 전통을 잇는 공간이라는 것을 강력히 주장한다. 또 한반도 어디에든 있었을 법한 건진국수 조리법을 두고 이 칼국숫집에서는 경상도식임을 강조한다.

박정희 이후 한국의 권력을 쥔 세력은 경상도 출신이다. 경상도 출신이라는 것 하나만으로 사회적으로 우위에 있다는 착각을 할 정도로, 한국인의 지연 중심 사고는 견고하다. 성북동과 혜화동의 칼국숫집은 경상도의 공간이니, 지연이 곧 권력이라고 생각하는 한국인이 이 공간에 들어간다는 것은 곧 권력 안에 들어가는 일이라 할 수 있다. 그 경상도의 공간에서 경상도식의 음식을 먹으며 경상도식 칼국수를 사랑했던 경상도 출신의 권력자에 대해 이런저런 담화를 나누게 될 것인데, 이 모든 것이 권력의 달콤함을 추체험하는 일이 될 수 있다. '어떤' 정치인들에게는 더없이 달콤한 공간일 것이다. 그래서 이 칼국숫집들의 간판은 보일 듯 말 듯 아주 작다. 그들만의 공간이니 소문나지 않는 것이 좋다는 무의식적 합의가

그 간판으로 표현되어 있다. 그들에게는, 권력은 나누는 그 무엇이

아닌 것이다.

5

마포
돼지갈비

텍사스 골목 안에서 조금씩 쌓였던 밍성이 이때에 폭발하였다.
당시 돼지고기가 싸 서민들이 먹기에 부담 없다는 점이 그 폭발에 한몫을 하였고,
갈비라는 이름도 한몫을 하였다. 또 마포 밖의 사람들이 마포 돼지갈비를
많이 먹었다는 것이 마포 돼지갈비의 확장을 도왔을 것이다.
마포가 돼지갈비의 탄생지인지는 확인할 길이 없지만 돼지갈비 전파의 중심지인 것은
분명하다. 전국의 돼지갈비 식당 이름 중에 가장 많은 것이 마포갈비, 최대포 등
마포에서 유래한 것이 이를 증명해 주고 있다.

이 글에서 마포는 마포구 전체를 말하지 않는다. 마포대교에서 애오개까지의 대로를 가운데 두고 그 옆의 상업 지역을 아우르는 것이라 보면 된다. 보통 "마포 가서 술 한잔하자" 할 때의 마포가 이 언저리이다. 돼지갈빗집이 이 구역의 여기저기에 촘촘히 박혀 있다.

조선시대 마포에 나루가 있었다. 마포대교의 마포 쪽 입구 자리이다. 서해안의 여러 지역에서 한성 사람들이 필요로 하는 산물을 배에 싣고 와 이 나루에 부렸다. 소금, 새우젓, 건어물 같은 것이 많았다. 이 물건들은 수레와 지게에 실려 애오개를 넘어 성 안으로 들어갔다. 조선시대 한성의 물류기지였던 셈이다. 마포나루에 물건이 모이니 객주客主가 섰다. 객주가 서니 돈이 돌고, 돈에 술과 여자가 따르니 색주色酒가 섰다. 또 배가 모이니 그 안녕을 빌어 줄 무당이 필요하였고, 그래서 당주堂主도 여기저기 솟대를 올렸다. 조선시대 마포는 꽤 번잡한 상업 지역이었던 것이다.

특히 마포의 색주는 유명하였는데, 구한말의 옛 노래며 야담에 '삼개의 색주'가 자주 등장한다. 삼개는 마포의 옛 이름이다.《조선일보》에 연재된 '이규태 칼럼'에 삼개 색주에 대한 이런 글이 있다. "천 석 배千石船의 소금을 혼자서 다 들여 먹고도 물 한 모금 마시지 않는다는 삼개 기생 – 색주다. 얼굴 길이보다 높은 트레머리를 하고 치맛깃 거둬들여 속곳 가랑이를 노출시킨 채 등롱 들고 호객하는 삼개 색주들은 한양 8대 야경 가운데 일경으로 시의 소재가 돼 왔다." 마포의 기생이 한양 팔경의 하나였다니, 조선시대의 마포는 대한민국의 테헤란로 정도 될 법하다.

1876년 조선이 개항하면서 마포는 외국 상선이 들어오는 무역항이 되었다. 마포가 국제항으로 크게 번창하는 듯하였으나 이내 그 지위를 제물포에 넘겨야 했다. 1890년 경인선이 놓이면서 제물포가 조선의 '입구'가 된 것이다. 이어 경부선, 경의선이 개설되면서 마포는 서울을 먹여 살리는 물류기지라는 역할을 잃게 되었다. 그래도 서울로 통하는 나루여서 일제강점기에도 소금이며 젓갈, 해산물 등을 실은 배가 마포에 닻을 내렸다. 1907년 한성의 주요 지역을 도는 전차가 마포나루 앞까지 닿게 되었다. 그러나 이때는 이미 마포의 거상들은 다른 곳으로 떠났고, 소상인들만 나루의 명맥 근대화 초기의 마포나루이다.
그때에도 마포나루에는 색주가 많았다.
한성으로 드는 물자가 마포나루를 거치게 되니 돈이 돌고,
그래서 술과 여자가 따랐던 것이다.

을 이어 나갔다. 한국전쟁이 끝나자 마포는 나루로서의 기능을 완전히 잃었다. 휴전선이 한강 입구를 막았기 때문이다. 대한민국에서의 마포는 이름만 '포'이고 더 이상 나루가 아니다.

돼지갈비의 탄생

한국전쟁 이후 마포에 텍사스 골목이 생겼다. 만리동 고개에 있었다. 이른바 색싯집 골목이다. 술과 함께 여자의 서비스가 따랐다. 텍사스 골목 또는 텍사스촌은 한국전쟁 이후 전국에 생겼는데, 기지촌에서 미군을 상대로 하는 술집이 모여 있는 곳을 이렇게 이르다가, 그 비슷한 유흥의 술집이 몰려 있는 지역이면 다 이 이름을 붙였다.

이 글을 시작하며 조선시대 마포나루 이야기를 꺼낸 것은 마포 텍사스 골목의 맥이 조선의 색주에 닿아 있지 않을까 하는 생각 때문이다. 이런 유흥가의 전통, 특히 남자들의 '은밀한 사생활'이 공유되는 공간의 전통은 의외로 끈질기게 유지되는 특징이 있다. 또 술집이 밀집되어 있는 곳은 꼭 텍사스 골목 같은 곳을 끼고 있다. 서울에만도 천호동, 이태원, 미아리, 구로동 등등에 텍사스 골목이 있었거나 지금도 있는데, 그 주변에 '일반의 술집'이 몰려 있는 것은 비슷하다. 하여간, 이 텍사스 골목에서 마포 돼지갈비가 탄생하였다.

한국전쟁 직후 마포 텍사스 골목에는 스무여 곳의 색싯집이 있었고, 다섯 곳의 돼지고깃집이 있었다. 이 돼지고깃집 중 두 곳이, 자리를 옮겼지만 지금도 영업을 하고 있다. 두 집 다 '최대포'라는 이름을 쓰고 있으며 서로 원조임을 강조하고 있다. 이 돼지고깃집들은 처음에 돼지의 여러 부위를 소금구이로 팔았는데, 그 음식의 이름을 '시오야키'라고 일본어로 불렀다. 그러다 간장양념의 돼지고기도 팔았는데, 그 시작 시기는 언제인지 알 수가 없다.

지금은 간장양념의 돼지고기구이를 다들 돼지갈비라 하지만 옛날부터 이 이름을 쓴 것은 아니었다. 지금도 그렇지만, 간장양념의 돼지고기구이에 반드시 갈비의 고기를 사용한 것은 아니었기 때문이다. 돼지갈비는 뼈에 붙어 있는 살이 많지 않다. 이 부위는 애초에 찜으로 해서 먹었다. 오래전부터 돼지갈비찜을 내는 식당들도 있었다. 이를 구이로 해서 먹자면 그 갈비의 살만으로는 부족하다. 갈비의 살 외에 그 곁에 있는 살도 갈비에 붙어 있는 살인 양 발라내 구우면 그럴듯해 보이며, 요즘 돼지갈비구이로 파는 부위는 이렇게 발린다. 그나마 돼지갈비구이에 갈비뼈가 붙어 있는 살이 오르면 나은 편이다. 돼지에서 갈비는 얼마 되지 않는 부위여서 목살이며 전지, 후지 따위를 섞어 내는 것이 보통의 일이다. 달콤한 간장

돼지갈비는 이제 여자들이 더 많이 먹는다. 달콤한 맛 때문일 것이다.
남자의 음식에서 여자의 음식으로 바뀐 것이다.

돼지갈비의 양념이나 쇠갈비의 양념이나 비슷하다. 돼지고기의 색이 흐려
캐러멜을 넣어 때깔을 낸다는 차이 정도만 있다.

양념 맛의 돼지고기구이이니 처음에는 돼지불고기라 불렀을 가능성이 높다.

1970년대 서울은 강남의 땅을 가지고 '돈 잔치'를 벌였다. 복부인들이 땅과 아파트를 사고팔면서 부를 축적하였다. 서울 사는 신흥부자, 흔히 말하는 서울 졸부가 탄생한 것이다. 이재에 밝은 외식업자들이 서울 졸부의 허영에 부응하는 음식점을 차리는데, 이게 가든이다. 가든에서 먹을 허영의 음식으로 쇠갈비구이가 선택되었다. 쇠갈비구이는 이미 경기 수원에서 유명한 외식음식이었다. 서울 가든에서 수원의 요리사를 스카웃하였다. 수원의 쇠갈비구이는 소금 간을 하였는데 서울에서는 이 음식을 맛있다 하지 않았다. 서울의 식당에서 당시 흔히 내었던 쇠고기음식은 달콤한 간장양념을 한 소불고기였다. 이 양념으로 쇠갈비를 재우고 구웠다. 달콤한 서울식 쇠갈비구이는 크게 인기를 끌었다.

1970년대 쇠갈비구이는 성공한 서울 시민의 상징이 되었다. 그것도 강남의 가든에 앉아서 뜯어야 성공한 삶으로 인정을 받았다. 성공하지 못한 대다수의 서울 시민은 가든의 쇠갈비를 뜯을 수 없었다. 이 대신에 무엇인가 뜯을 갈비가 필요하였다. "너만 갈비 뜯냐? 나도 뜯는다"라는 대리만족을 줄 음식이 필요하였던 것이다. 그래서 발견한 것이 돼지갈비라는 이름이다. 달콤한 간장양념을 한 것이 같으며 돼지의 갈비 부위도 섞여 있으니 이를 두고 돼지갈비라 이름을 붙여 뜯어도 될 법한 일이라 여긴 것이다. 쇠갈비 대체품으로서 돼지갈비에는 서민의 서러운 삶이 붙어 있는 듯도 하지만, 닭갈비나 고갈비에 비하면 그래도 나은 편이라 할 수 있다. 게다가 직화로 연기 내면서 지글지글 고기 굽는 기분도 만끽하게 해 주지 않는가.

마포 뒷골목을 벗어나다

마포 텍사스 골목은 우범 지역이었다. 색싯집이 있고 위험한 지역이니 남자들이 여럿 모여 이 골목을 드나들었을 것이며, 따라서 초기의 마포 돼지갈비는 남자들이나 뜯었을 것이다. 또 마포에 사는 사람들이 돼지갈비를 특히 즐겼을 것으로 볼 수는 없는데, 그 탄생 지역의 특징 때문이다. 남자들의 '은밀한 사생활'은 자신의 주 활동공간에서 다소 떨어진 곳에서 일어나는 편이다. 또 '은밀한 사생활'을 갖지 않는다 하여도 그 사생활과 인접한 지역을 들락거리는 일에 남의 시선을 의식하지 않을 수 없다. 그래서 마포의 돼지갈비는 처음부터 마포 밖의 사람들이 더 많이 먹었을 것이다.

외식 메뉴의 하나로 돼지갈비라는 이름이 만들어질 즈음인 1974년에 마포 텍사스 골목이 헐리었다. 그러면서 돼지고깃집들이 공덕동 로터리 쪽으로 이전하였다. '밝은 곳'으로 나온 것이다. 텍사스 골목 안에서 조금씩 쌓였던 명성이 이때에 폭발하였다. 당시 돼지고기가 싸 서민들이 먹기에 부담 없다는 점이 그 폭발에 한몫을 하였고, 갈비라는 이름도 한몫을 하였다. 또 마포 밖의 사람들이 마포 돼지갈비를 많이 먹었다는 것이 마포 돼지갈비의 확장을 도왔을 것이다. 마포가 돼지갈비의 탄생지인지는 확인할 길이 없지만 돼지갈비 전파의 중심지인 것은 분명하다. 전국의 돼지갈비 식당 이름 중에 가장 많은 것이 마포갈비, 최대포 등 마포에서 유래한 것이 이를 증명해 주고 있다.

1968년 전차가 없어지고 1970년 마포대교가 놓였다. 그즈음 대교 건너의 여의도가 개발되었다. 마포도 그 개발의 혜택을 입고 오피스타운을 낀 상업지구로 재정립되었다. 지하철 5·6호선이 마포를 지나게 되었다. 한강변의 올림픽대로, 강변북로와도 연결이 되었다. 낮고 낡은 건물은 헐리고 새로운 고층건물이 들어섰으며, 지금도 마포의 재개발은 계속되고 있다. 조선의 물류 중심지였던 마포나루의 옛 영화를 다시 이루고 있는 듯이도 보인다.

밤이 되면, 마포의 돼지갈빗집들이 불을 밝힌다. 어느 집이나 돼지갈비 뜨는 사람들로 가득하다. 돼지갈비 타는 연기도 가득하다. 마포에서 일을 하는 사람들인지 마포 밖의 사람들인지 알 길은 없다. 아직 드럼통의 식탁을 쓰고 있다. 바닥은 담배꽁초를 발로 비벼

꺼도 될 정도로 더럽다. 캐러멜을 듬뿍 넣은 돼지갈비가 양은 그릇에 담겨 나온다. 갈비가 있기도 하고 없기도 하다. 그러나 이런 것은 별로 중요하지 않다. 그 다디단 캐러멜의 돼지갈비를 구워 먹으며, 여기에 소주를 마시면서 노동에 지친 몸을 달랜다.

마침 그 자리에 마포의 역사를 잘 아는 이가 있어 이런 이야기를 들려줄 수도 있을 것이다. 조선의 신분 질서가 붕괴되었을 때 돈 많은 마포의 어느 객주가 색주에만 만족 못 하고 양반의 애첩 기생을 돈으로 사려 했다는. 그러나 이 이야기도 조심조심 하여야 할 것이다. 마포의 돼지갈빗집에는 이제 여자가 더 많다. '남자의 전성시대'는 거의 끝나 가고 있다. 남자만의 음식도 이제 없다.

6

신당동 떡볶이

고등학생이 출입할 수 있는 분식집에 디제이 부스를 들인 일은 그들의 욕구를
정확히 파악한 뛰어난 상술이었다. 전국의 분식집에 디제이 부스가 만들어지고
장발에 청바지를 입은 디제이를 앉혔다. 고등학생들에게 디제이 부스 있는 분식집은
일종의 해방구였다. 신당동 떡볶잇집도 이 바람을 따랐다. 이미 떡볶이 하나로
고등학생의 성지가 되어 있던 신당동은 '해방된 고삐리'들로 폭발하였다.
떡볶이에 몰래 술을 마실 수 있었다는 것, 남녀 학생의 수줍은 미팅이 있었다는 것도
신당동만의 '매력'이었다.

고삐리를 해방시기다

이명박 정부 들면서 한식 세계화가 정책 사업으로 진행되었다. 한국음식을 외국인에게 더 많이 먹이자는 사업이다. 그렇게 하면 국가 브랜드 이미지가 향상되어 수출에 좋은 영향을 줄 수 있다고들 말한다. 외국인이 한국음식을 즐겨 먹으면 한국에 대해 우호적으로 생각할 것이라는 막연한 기대를 근거로 하고 있다. 그러면, 한국인이 가장 많이 먹는 외국음식은 일본음식인데, 왜 반일감정은 이리 끈질긴가. 한국음식을 즐겨 먹는다고 반드시 친한親韓 인사가 될 것이라는 생각은 버리는 게 좋다.

이명박 정부가 벌였던 한식 세계화의 주요 아이템 중 하나가 떡볶이이다. 정부 예산으로 떡볶이연구소까지 차렸다. 이 연구소에서 세계인의 입맛에 맞춘 떡볶이를 개발했다고 내놓은 적이 있다. 가래떡에 크림소스니 토마토소스를 넣고 볶은 것인데, 이탈리아의 파스타 조리법에 가래떡을 넣어 놓은 것처럼 보였다. 한국의 대중이 즐겨 먹는 고추장떡볶이에 외국인이 싫어할 것 같은 고추장을 빼고 외국인이 좋아할 것 같은 소스를 첨가하는 방식으로 '개발'한 것이다. 또 고추장을 넣지 않는 '전통의 떡볶이'가 하나 있었으면 하였는지 간장양념의 떡볶이를 두고 궁중떡볶이라는 이름을 붙였다. 조리학과 실습 수준의 음식을 정부 예산으로 한 연구 결과라고 내놓은 것이다.

떡볶이연구소 사람들은 외국인이 좋아할 만한 떡볶이를 개발하느라 진땀을 빼고 있을 것이다. 가래떡으로 할 수 있는 음식이란 것이 빤할 수밖에 없는데, 한식 세계화라는 이름으로 뭔가를 보여 주려 하니 가래떡파스타 같은 억지의 음식을 내놓을 수밖에 없는 것이다. 새로운 음식을 개발할 때는 그 음식의 계통도를 그려 보면 의외로 답이 쉽게 나올 수 있다. 떡볶이 족보부터 살펴볼 필요가 있다는 말이다.

떡볶이 계통도 그리기

떡볶이라는 이름은 '가래떡을 볶는다'라는 조리법을 담고 있다. 그래서 떡볶이연구소 개발 떡볶이들을 보면, 팬에서 열심히 볶는다. 볶으려니 이와 비슷한 음식으로 파스타가 연상되지 않을 수 없다. 파스타 조리법에 가래떡을 추가하여 새로운 떡볶이라며 내놓는다.

그런데 대한민국 사람들이 흔히 먹는 떡볶이는 볶지 않는다. 떡볶이라는 이름에만 '볶이'가 붙었을 뿐이지 냄비에 넣고 끓이는 음식이다. 조림이나 탕에 가깝다. 이 음식의 이름을 제대로 붙이자면 떡조림이나 떡탕이 될 것이다. 떡조림, 떡탕, 이렇게 이름을 붙이니 가래떡으로 조리하는 또 다른 전통의 음식이 떠오른다. 떡전골이다. 떡전골은 가래떡에 여러 채소와 고기를 넣고 끓이는 탕이다. 설날에 먹는 떡국에 그 계통이 닿아 있는 음식이다. 떡전골의 음식을 한 그릇에 담으면 떡국이다. 예전에는 떡전골을 떡탕이라 하였고 떡국도 떡탕이라 하였다. 떡볶이는, 특히 냄비에 가래떡과 여러 재료를 넣고 끓이는 떡볶이는, 떡국과 함께 '가래떡으로 조리하는 탕'이라는 하나의 카테고리 안에 넣을 수 있다. 가래떡 외 재료가 단순하고 철판 위에서 조리되는 '포장마차 떡볶이'는 떡조림이라 할 수 있는데, '가래떡으로 조리되는 탕'의 방계에 넣을 수 있다. 한국인이 즐겨 먹는 떡볶이는 그 이름과 달리 '볶는 떡볶이'가 아니라 '탕이나 조림의 떡볶이'인 것이다. 떡볶이라는 이름에 집착하면 한국인의 떡볶이 기호가 보이지 않으며, 결국은 한국인도 낯설어하는 별스러운 떡볶이를 개발하여 이를 한국 떡볶이라고 하자며 억

신당동 떡볶잇집의 주방이다. 재료들을 보면 떡이 떡볶이에서 차지하는 비중은
얼마 되지 않는다. 라면, 달걀, 어묵, 튀김만두 등 분식집 음식들이 다 들어간다.

떡볶이라 하지만, 신당동 떡볶이는 떡전골에 가깝다. 사리 추가가 가능하며
공깃밥을 비벼 먹기도 한다. 한국음식의 '찌개 전통'을 잇는 음식이라 할 수 있다.

지를 부리게 되는 것이다.

떡볶이를 두고 벌어지고 있는 이 같은 혼란은, 애초 떡볶이라는 이름의 음식이 따로 있었는데 떡전골이나 떡조림의 음식에도 떡볶이라는 이름을 붙이면서 발생한 것이다. 애초의 떡볶이는 가래떡에 여러 채소와 고기를 넣고 간장의 양념으로 볶는 음식이었다. 설날 상차림에 오르는 음식이다. 이 떡볶이를 요즘에는 궁중떡볶이라 부르는데, 특별히 궁중에서 이를 먹었다는 근거는 없다. 설날 가래떡 전통은 유구한 것이니 조선에서 왕가, 양반, 상민 할 것 없이 두루 먹었을 것이다.

한국전쟁 이후 길거리음식으로 떡볶이가 등장하였다. 전통의 떡볶이가 간소화한 것이었다. 동그란 번철에 기름을 두르고 간장양념을 한 가래떡을 볶았다. 시장 입구에 이런 떡볶이 좌판이 제법 있었다. 여기에 어느 순간 고춧가루가 들어가게 되었는데, 매운 떡볶이는 이 좌판의 번철 떡볶이에서 시작된 것이 아닌가 싶다. 이 번철 떡볶이는 서울의 재래시장에 일부 그 흔적이 남아 있다. 기름떡볶이라고 부른다.

신당동 떡볶이는 전형적인 떡전골 또는 떡탕이다. 냄비에 국물이 흥건하게 들어 있으며 채소도 듬뿍 들어가는 것이 고추장전골 맛이다. 이 떡볶이를 국 삼아 밥을 먹기도 한다. 안주 삼아 술을 마실 수도 있다. 간식이라기보다는 끼니의 음식이다. 이렇게 조리법에 따라 떡볶이의 계통을 구획하면, 이 음식이 앞으로 대중의 기호에 따라 어찌 변형될 것인지 짐작하기가 싶다. 그게 꼭 필요한 일인가 싶지만, 외국인을 위한 떡볶이 개발도 이 계통도 위에서 그 방향을 찾아야 할 것이다.

통일벼와 떡볶이

떡볶이는 길거리음식이다. 노점 좌판에서 냄비나 번철 하나 달랑 걸어 놓고 팔 수 있는 음식이다. 그런데 언제부터 떡볶이가 길거리에서 팔렸는지에 대한 구체적인 자료는 없다. 역사란 늘 '있는 자'의 편에서 기록되니 떡볶이 같은 서민의 길거리음식에 대해 관심을 두는 사람이 없었기 때문이다.

조선에도 노점 좌판이 있었다. 종로 시전 앞에 좌판이 놓였는데, 그 좌판에 떡볶이가 있었을까? 그때의 쌀 수급 사정으로 보아 떡볶이는 고급에 드는 음식이었을 것이니 좌판에서 팔렸을 것 같지는 않다. 일제강점기에도 한반도의 쌀은 늘 부족하여 술, 엿, 떡 등을 만들지 못하게 단속을 하였으니 좌판에서 떡볶이를 보기는 어려웠을 것이다. 해방 이후에도 쌀 수급 사정은 똑같았다. 설날에 방앗간에서 떡을 하는 것까지 단속을 할 정도였다. 그럼에도 그즈음에 떡볶이를 시장 좌판 등에서 팔거나 사 먹었다는 어른들의 증언을 들을 수 있다. 단속의 눈길을 피해 몰래 떡볶이를 팔았을 것이다.

한반도에서 떡볶이가 길거리음식으로 크게 번창한 것은 1970년 대 중반의 일이다. 그때에 무슨 일이 있었나 하면, 바로 통일벼의 재배라는, 한반도 역사상 가장 중요한 '사건'이 있었다. 한반도의 민중은 늘 배고픔에 시달려야 했다. 주곡인 쌀이 부족하였기 때문이다. 가뭄이나 수해가 닥치면 굶어 죽는 사람들이 부지기수였다. '이밥에 고깃국'은 유토피아를 상징하였다. 1971년 인디카와 자포니카 품종을 교배하여 얻은 통일벼가 개발되었다. 기존 벼에 비해 생산량이 30퍼센트 많았다. 박정희 정부는 통일벼 재배에 온 열정을 쏟았다. 통일벼가 밥맛이 없다고 농민들이 기피하자 일반 벼를 심어놓은 논을 강제로 갈아엎고서라도 통일벼를 심게 하였다. 1976년 통일벼 재배 면적이 44퍼센트로 확대되어 마침내 쌀 자급률 100퍼센트를 이루었다. 한민족 5,000년 역사상 처음으로 주곡을 자급하게 된 것이다. 그 이후, 쌀은 남아돌게 되었다. 박정희 정부는 농민에게서 쌀을 비싸게 사고 도시인에게는 쌀을 싸게 파는 이중곡가제를 시행하였다. 맛없는 통일벼이지만 어찌되었든 싼값의 쌀이 넘쳤다.

쌀이 싸지니 이를 이용한 가공식품산업이 활발해졌다. 그중에 떡이 가장 쉬운 품목이었다. 전국의 재래시장에 반드시 있는 떡집 골목도 이즈음에 조성된 것이다. 덩달아 떡볶이 좌판도 부쩍 늘었다. 값싼 정부미 사다가 떡을 만드니 마진이 좋다는 점이 떡볶이의 번창을 가져왔다고 할 수 있다. 연탄화덕에 냄비 하나 있으면 '사업'을 시작할 수 있다는 점도 큰 영향을 주었다. 신당동 떡볶이가 크게 번창하게 된 시점도 1970년대이다. 그즈음에 한반도 전역에서 떡볶이가 길거리음식으로 퍼져 나갈 조건이 갖추어졌는데, 신당동에서 특히 '폭발'한 것이라 할 수 있다.

떡볶이의 번창은 밀가루 가래떡의 등장과도 일부 관련이 있지 않을까 하는 추론이 있을 수 있다. 한국전쟁 이후 구호물자로 들어온 밀가루가 가래떡에 섞이면서 떡볶이용 가래떡이 싸게 보급되었고, 그에 따라 떡볶이가 번창하게 되었다는 추론이다. 일리가 있어 보이지만, 밀가루 가래떡이 곧 떡볶이의 번창을 가져왔다고 단정하기는 어렵다. 오히려 떡볶이의 번창이 밀가루 가래떡의 대량 생산을 부추겼다고 보아야 할 것이다.

애초 방앗간은 떡을 상업적으로 대량 생산할 수 있는 시스템을 가지고 있지 않았다. 원재료를 가져오면 이를 가공해 주는 일종의 임가공업체였다고 할 수 있다. 가래떡의 경우도 손님이 불린 쌀을 가져오면 이를 가지고 떡을 빚어 주었다. 한국전쟁 이후 밀가루가 싸지면서 밀가루 가래떡이 일부 만들어졌겠지만 임가공업이라는 방앗간 산업 구조상 시장에 광범위하게 번졌을 것으로는 추론하기 어렵다. 1970년대 중반 이후 쌀이 싸져 쌀 가공업이 번창해지면서, 그러니까 도시의 시장에 떡 방앗간 골목이 형성되고, 이어 떡볶이가 전국으로 번져 나가면서, 더 싼 재료를 찾는 상인들에 의해 밀가루 떡볶이가 시장에 퍼져 나갔을 것이다.

해방된 고삐리

신당동 토박이에 의하면, 한국전쟁 직후 지금의 신당동 떡볶이 골목에 떡볶이 좌판이 셋 있었다고 한다. 신당동은 한국전쟁 후 피난민들이 몰려들어 조성된 동네였고, 그래서 주민들은 가난하였다. 주변에는 성동고, 한양공고, 무학여고 등 학교가 많았다. 시장이 가깝고, 또 그 골목에 극장이 있었다. 고등학생들을 상대로 하는 먹을거리 좌판이 있기에 딱 좋은 입지 조건을 갖추고 있었다. 떡볶이 장사가 잘되자 신당동 주민들은 여기저기 떡볶이 좌판을 열었다. 1970년대의 일이다. 이 지역의 학생뿐 아니라 서울의 고등학생들이 신당동으로 몰려들었다. 입소문을 탄 것이다.

1970년대 중후반에 좌판 떡볶이로 돈을 번 몇몇의 가게가 식당 모양을 갖추었다. 이때에 신당동 떡볶이는 크게 변신을 하는데, 드럼통에 연탄불을 넣고 그 위에 냄비를 올렸다. 냄비에는 떡, 어묵, 당면, 달걀 등이 들어갔다. 떡전골의 형태인데도 이를 떡볶이라 부르는 것을 당연하게 여겼다. 가래떡을 이용한 외식음식으로 처음 알려진 것이 떡볶이이니 그 이름을 따라 한 것이었다. 이 냄비 떡볶이가 신당동에서 비롯한 것인지는 알 수가 없다. 1970년대에 전국에서 동시다발로 생겼을 수 있는데, 특히 1970년대 중반 프로판가스의 보급이 냄비 떡볶이의 확산에 결정적 역할을 하였다.

1970년대 고등학생들은 유신교육의 억압에 놓여 있었다. 일제의 잔재인 교복을 입고 머리를 빡빡 밀어야 했다. 교련이라는 이름의 군사 훈련을 받았다. 권위로 윽박지르는 학교에 대항할 수 있는 방법은 없었다. 이 억압 속의 고등학생들에게 대학은 곧 해방을 뜻했다. 대학만 가면 (간혹 장발 단속에 걸리기는 했지만) 머리를 기를 수도 있었고, 청바지를 입고 통기타를 두들길 수가 있으며, 연애를 할 수 있었다. 그 당시 대학생들의 공간으로 음악감상실, 음악다방이 있었다. 젊음의 상징인 팝송을 들을 수 있는 곳이었다.

여기에 고등학생은 들어갈 수 없었다. 고등학생들에게 음악감상실과 음악다방은 미래의 해방구로 보였을 것이다. 고등학생이 출입할 수 있는 분식집에 디제이 부스를 들인 일은 그들의 욕구를 정확히 파악한 뛰어난 상술이었다. 전국의 분식집에 디제이 부스가 만들어지고 장발에 청바지를 입은 디제이를 앉혔다. 고등학생들에게 디제이 부스 있는 분식집은 일종의 해방구였다. 신당동 떡볶잇집도 이 바람을 따랐다. 이미 떡볶이 하나로 고등학생의 성지가 되어 있던 신당동은 '해방된 고삐리'들로 폭발하였다. 떡볶이에 몰래 술을 마실 수 있었다는 것, 남녀 학생의 수줍은 미팅이 있었다는 것도 신당동만의 '매력'이었다.

2010년대 현재 신당동 떡볶잇집에는 해방을 갈구하는 고삐리가 없다. 대입 압박은 여전하지만 많은 부분에서 대체로 해방이 되었기 때문이다. 대신에, 한때 고삐리였던 이들이 옛날의 그 해방감을 맛보기 위해 신당동을 찾는다. 휴일이면 이 한때의 고삐리들이 나이 어린 2세의 손을 잡고 신당동 떡볶잇집 문을 밀고 들어온다. 극장은 사라지고 떡볶잇집은 간판을 바꾸었지만 그 옛날의 떡볶이 맛은 여전하다. 값싼 식재료에 대충 달고 짜고 매운 맛이 나는 게 전부이다. 친구들끼리 하교하면서 200원씩 모아 한 판 걸게 먹던 그 시절의 그 떡볶이를 앞에 두고, 그 건너의 2세를 본다. 한때 나에게도 주체할 수 없는 젊음이 있었다고 말하려다 만다. 보니엠의 〈써니〉가 흐른다. 신당동의 청춘도 그 경쾌한 음률을 따라 매끄럽게 흐른다.

1988년의 신당동 떡볶이 골목이다.
아이스크림을 핥고 있는 것으로 보아
떡볶이를 막 먹고 나왔을 것이다.
지금도 떡볶잇집 앞에는 아이스크림 가게가 꼭 있다.

7

용산 부대찌개

부대찌개에 햄, 소시지, 치즈, 통조림 콩 등등 서양의 음식재료가 들었다 하지만,
그 맛을 보면 김치찌개의 일종이다. 이태원 등에 김치를 넣지 않은 부대찌개가
일부 있기는 하지만, 이는 별종이다. 한국의 많은 부대찌개는 김치 맛에
의존하고 있고, 또 김치가 없으면 맛이 많이 비게 된다. 신 김치의 개운한 산미와
칼칼한 매운맛에 햄, 소시지의 단맛과 짠맛이 보태어진 음식인 것이다.
그러니 김치찌개에 최초로 햄이나 소시지를 넣었던 사람은 그 음식을 두고
스스로 '창조'하였다는 생각은 못하였을 것이다.

전쟁과 가난을 추억하다

　　용산의 외국군 주둔 역사에는 오랜 '전통'이 있다. 임진왜란이 일어난 바로 그해인 1592년, 왜군은 한양을 점령하고 용산에 대륙 침략을 위한 보급기지를 두었다. 1882년 임오군란 때는 청의 군대가 용산에 진을 쳤다. 1895년에는 청일전쟁에서 이긴 일본군이 용산을 차지하였다. 이후 러시아의 세력 확장으로 일본군이 잠시 물러났다가 1905년 러일전쟁에서 승리한 일본군이 다시 용산에 들어와 그 자리에 사령부를 두었다. 일제강점기 내내 용산은 일본군의 땅이었다. 1945년 해방이 되면서 용산의 일본군 기지는 미군에게 넘어갔다. 1948년 한국의 정부 수립으로 용산에는 군사고문단만 남았다. 1950년 한국전쟁으로 이 땅에 미군이 다시 들어오고 1953년 정전협정이 맺어진 직후 미군은 용산에 눌러 앉았다. 2016년 이후 용산의 미군은 평택으로 이전하는 것으로 되어 있다. 미군은 용산 외에도 부산, 인천, 원주, 춘천, 동두천, 오산, 파주, 평택, 성남, 수원, 의정부, 진해 등등 한반도 곳곳에 기지를 두고 있다. 이들 기지도 단계적으로 통합, 이전하는 것으로 계획되어 있다.

미군은 주둔지의 물건을 잘 쓰지 않는다. 웬만한 것은 미국에서 다 가져온다. 먹는 것도 마찬가지이다. 신선채소류도 냉동하여 가져오는 정도이다. 이 미군의 물건은 주둔지 밖으로 빠져나오게 마련이고, 그 물건들로 인해 주둔지의 생활이 미국화하기도 한다. 미국의 음식문화를 상징하는 콜라, 커피, 피자, 초콜릿, 햄, 소시지, 치즈 등이 한국의 일상음식으로 재빨리 자리 잡게 된 것도 이 미군의 물건 덕(?)이 크다.

꿀꿀이죽은 부대찌개와 다르다

한국전쟁은 온 국토를 폐허로 만들고 온 국민을 빈민으로 전락시켰다. 1960년대 초반까지만 하더라도 미군부대에서 좋은 물건이 빠져나온다 하여도 이를 살 수 있는 경제적 여력을 가진 사람은 별로 없었다. 그들이 쓰다 버린 것을 가져다 귀하게 썼다. 거지도 미제 깡통을 들면 대접받던 시절이었다. 미군부대에서 몰래 나오는 먹을

1952년 한국전쟁 중의 사진이다.
미군이 한국의 소년에게 풍선껌 부는 방법을
가르쳐 주는 듯하다. 소년에게는 껌보다
소시지, 햄, 초콜릿 들이 더 필요하였을 것이다.

거리도 그들이 먹다 버린 것들이었다. 잔반, 즉 음식물 쓰레기였다. 미군부대에서 나오는 음식물 쓰레기에는 온갖 것이 들어 있었다. 고깃덩어리는 물론, 햄, 소시지 등도 있었고, 케첩에 버무려진 샐러드도 있었을 것이다. 담배꽁초도 있었을 것이고, 휴지도 있었을 것이다. 이것을 솥에 넣고 끓여서 먹었다. 음식물 쓰레기를 끓인 것이니 사람이 먹을 만한 것이 아니었다. 그래서 이 음식의 이름은 꿀꿀이죽이었다. 그래도 잘 팔렸다. 그때는 너나없이 가난했고 배가 고팠기 때문이다. 이 꿀꿀이죽은 1960년대 말까지도 팔렸던 것으로 보인다.

부대찌개는 한국전쟁 후 미군부대의 잔반을 가져와 끓였던 꿀꿀이죽에서 비롯하였다고 흔히 말한다. 과연 그럴까? 언어란 묘하여, 그 언어가 이르는 실체가 장기간 보이지 않게 되면 머릿속에 그 실체와 다른 그림을 그리게 된다. 그래서, 젊은 세대에게 꿀꿀이죽을 설명하면 요즘 흔히 먹는 부대찌개 정도의 음식이겠거니 여기게 된다. 나도 꿀꿀이죽을 먹어 보지 못하였다. 조금 리얼하게 꿀꿀이죽을 묘사한 글이 있다. 1964년 《경향신문》 1면 좌측 톱 기사이다. 기사 제목은 '허기진 군상'이며, 드럼통에 담긴 꿀꿀이죽을 사 가는 사람들의 사진이 크게 실려 있다. 기사는 이렇게 시작한다. "먹는 것이 죄일 수는 없다. 먹는 것이 죄라면 삶은 천벌이기 때문이다. 하지만 돼지 먹이로 사람이 연명을 한다면 식욕의 본능을 욕하기에

앞서 삶을 저주해야 옳단 말인가?" 그러면서 30원어치이면 여덟 식구가 먹을 수 있다는, 꿀꿀이죽을 사 가는 한 여인네의 인터뷰가 붙어 있다. "쌀 30원어치로 죽을 끓여 여덟 식구가 풀칠하면 점심 때 식은땀이 쏟아진다." 기사는 이어진다. "담배꽁초, 휴지(무엇에 썼는지도 모름) 등 별의별 물건이 마구 섞여 형언할 수 없는 고약한 냄새를 풍기는 이 반액체를 갈구해야만 하는 이 대열! 그들은 돼지의 피가 섞여서가 아니다. 우리의 핏줄이요 가난한 이웃일 따름이다……" 이름만 꿀꿀이죽인 것이 아니라 실제 꿀꿀이죽을 사람이 먹었던 것이다. 미군을 그때는 유엔군이라 불러, 이 꿀꿀이죽은 유엔꿀꿀이죽이라고도 불리었다. 분명한 것은, 꿀꿀이죽은 부대찌개와는 많이 다른 음식이라는 것이다.

1960년대 말 경제 사정이 조금씩 나아지자 미군부대의 음식물 쓰레기에서 먹을 만한 것만 골라 탕을 끓였다. 이를 유엔탕이라 하였다. 남대문시장 가판에 이 탕을 파는 노점이 줄지어 있었다. 그러나 이 역시 지금의 부대찌개와는 많이 달랐을 것이다. 뚝배기나 양푼에 1인분씩 담아 팔았는데, 우거지 같은 푸성귀에 고기나 햄, 소시지 조각을 넣고 끓인 탕에 식은 밥 한 덩이 말아 내는 음식이었을 것이다.

그러면 지금의 부대찌개는 언제, 또 어찌 만들어졌을까? 추측해 볼 수 있는 것은, 미군부대에서 나오는 햄과 소시지를 지속적으로 공급받을 수 있는 지역에서 시작한 음식이었다는 점이다. 미군기지 가 가까운 지역, 또 미군부대 물건이 대규모로 유통되는 시장 근처 의 식당에서 이 음식을 처음 내었을 것으로 추측할 수 있다. 서울 에서는 용산, 남대문시장을 꼽을 수 있을 것이다. 의정부 부대찌개 가 유명한데, 여느 향토음식처럼 한 식당의 명성이 한 지역으로 확 장된 것이라 할 수 있다.

부대찌개에 햄, 소시지, 치즈, 통조림 콩 등등 서양의 음식재료가 들었다 하지만, 그 맛을 보면 김치찌개의 일종이다. 이태원 등에 김 치를 넣지 않은 부대찌개가 일부 있기는 하지만, 이는 별종이다. 한 국의 많은 부대찌개는 김치 맛에 의존하고 있고, 또 김치가 없으면 맛이 많이 비게 된다. 신 김치의 개운한 산미와 칼칼한 매운맛에 햄, 소시지의 단맛과 짠맛이 보태어진 음식인 것이다. 그러니 김치 찌개에 최초로 햄이나 소시지를 넣었던 사람은 그 음식을 두고 스 스로 '창조'하였다는 생각은 못하였을 것이다. 돼지고기 대신에 햄 과 소시지가 들어간 김치찌개 정도의 음식으로 생각하였을 것이기 때문이다. 또 이것저것 닥치는 대로 재료 넣고 끓이는 우리의 찌개 문화에 햄과 소시지 정도는 별스러운 재료가 아닐 수도 있으니, 애 초에 이 햄과 소시지가 들어간 찌개의 이름은 김치찌개였을 수도 있다.

어떻든, 햄과 소시지를 넣은 찌개는 귀한 것일 수밖에 없었다. 미
군부대에서 몰래 나오는 햄과 소시지의 양에 한계가 있었기 때문
이다. 1970년대에 학창 시절을 보낸 사람들은 소시지는 그런대로
흔하지 않았나 생각할 수도 있다. 도시락에서 예쁜 분홍색의 '진주
햄' 소시지로 조리한 반찬을 수시로 보았을 것이기 때문이다. 또 김
밥에도 이 예쁜 소시지가 으레 들어 있었다. 1967년에 출시된 이
소시지는, 그러나 찌개를 끓이기에 적합하지 않다. 돼지고기 아주
조금에 생선살과 전분이 왕창 들어간 소시지였기 때문이다. 말이
소시지이지 그 실체는 찐 어묵에 가깝다. 이를 넣고 찌개를 끓이면
풀어져 버린다.

1980년대 중반 돼지고기가 듬뿍 들어간, 그러니까 미군부대에
서 나온 것과 맛이 같은 햄과 소시지가 국내 기업에서도 생산되었
다. 양돈산업이 일정 규모를 가지자 자투리 고기를 이용한 가공산
업도 번창하게 된 것이다. 이 국산의 햄과 소시지는 찌개를 끓일 수
있는 것이었다. 당시 경제 사정은 아주 좋았다. 핵가족이 정착하였
고 마이카 붐이 불었다. 덩달아 외식산업이 급팽창하였다. 한국인
이 좋아할 만한 온갖 외식 아이템이 여기저기서 튀어나왔다. 그중
에 부대찌개도 툭 불거졌다. 스토리가 좋았다. 한국전쟁의 애환이

부대찌개에는 별다른 육수가 필요하지 않다. 햄, 소시지 등에 이미
여러 맛 성분의 첨가물이 들어 있기 때문이다. 여기에 김치까지 들어가니,
부대찌개는 맛없게 끓이는 것이 더 어렵다.

부대찌개 상차림이다. 김치찌개에 돼지고기, 통조림 고등어, 통조림 참치 등등 대신에 햄, 소시지 등등이 들어간 음식이라 할 수도 있다.

담겨 있는 음식, 그 재료가 어디서 온 것이든 미군부대에서 그 재료를 가져왔을 것이라 착각을 일으키게 하는 음식명 그리고 1966년 방한한 미국 대통령 존슨의 이름을 따 한때 존슨탕이라 불리었다는, 믿거나 말거나 하는 풍문까지 붙었다. 1990년대에 들면서 부대찌개는 외식시장에서 '폭발'을 하였다. 남녀노소 가릴 것 없이 부대찌개에 탐닉하였다. 이제, 햄과 소시지는 어디에서 온 것인지 중요하지 않게 되었다. 이름이 부대찌개이기만 하면 미군부대를 바로 떠올리게 되고, 한국전쟁을 생각하게 되고, 한때 가난했던 그 시절을 '추억'까지 하게 되고, 마침내는 그 음식에 한국인의 영혼이라도 담겨 있는 듯이 여기게 되었다.

한편으로, 부대찌개의 번창이 식품회사의 마케팅 덕분(?)일 수도 있다는 의심을 가져 볼 필요가 있다. 1980년대 중반 국산 햄과 소시지를 만들어 낸 식품회사들은, 어떻게 하면 이를 한국인에게 많이 먹일까 여러 궁리를 하였을 것이다. 그래서 햄과 소시지를 이용한 각종 레시피를 만들어 보급하였을 것인데, 한국인의 주식인 밥에 어울리는, 햄과 소시지를 이용한 반찬 또는 국의 개발이 포인트였을 것이다. 감자와 양파를 넣은 햄 볶음, 소시지를 넣은 달걀말이 같은 음식이 만들어졌다. 그중에 햄과 소시지의 소비량이 가장 많고 또 쉽게 조리할 수 있는 음식으로 부대찌개가 크게 주목을 받았을 것이다. 1990년대 들어 미국 햄과 소시지는 짜서 국산 햄과 소시지로 부대찌개를 끓여야 맛있다는 말이 크게 번진 것도 국내 식품회사들의 마케팅일 것이다.

"한때 너희들의 쓰레기를 먹었지"

누구든, 부대찌개를 먹는 자리에서는 그 유래에 대해 한마디씩 하게 되어 있다. 그때에 꿀꿀이죽이라는 단어를 입에 올리기도 하겠지만, 그 꿀꿀이죽의 실체를 머릿속에 그리는 것까지는 하지 못할 것이다. 오히려 꿀꿀이죽이라는 말에 깊은 향수까지 느낄 수도 있을 것이다. 나아가, 부대찌개를 '한국의 맛'이라며 외국인에게도 자랑스럽게 내놓아야 한다고 생각할 수도 있을 것이다. 한국전쟁 후 고난의 시대를 이겨 낸 민족적 자부심이 이 부대찌개 냄비 안에서 부글부글 끓고 있다고 여길 수도 있을 것이다.

용산의 부대찌갯집에서 마주치는 미군들에게 이 부대찌개의 역사에 대해, 아니다, 미군이 이 땅에서 다 떠나고 난 다음에, 갈라진 이 땅이 통일되고 난 다음에, 부대찌개의 '전설'을 그들에게 들려주는 것이 나을 것이다. 한때 너희들의 쓰레기도 먹었다고.

8

장충동 족발

그때 장충체육관 최고 흥행 프로그램은 김일의 프로레슬링이었다. 프로레슬링을 하는 날에는 장충체육관이 미어터졌고, 경기가 끝난 다음에는 체육관 건너편의 족발집들이 미어터졌다. 김일의 박치기를 보고 난 다음 '체력은 국력'이라고 더욱더 굳게 믿게 된 서울 시민은, 별다르게 체력을 키울 방법이 없던 서울 시민은, 체육관 건너편의 족발집에나 몰려갈 수밖에 없었다. 한 접시의 족발이 앞에 놓이면 또 누군가는 "동의보감에 말야" 하고 족발의 건강음식론을 펼쳤을 것이다.

체력은 국력이었던 그 시절의 보양음식

족발은 돼지의 앞뒷발과 그 바로 위 관절 부위까지를 말한다. 족이 발이고 발이 족이니 같은 뜻의 말이 한자어와 한글로 반복되어 있다. 이 족발이라는 단어는 소에는 쓰지 않는다. 소의 그 부위는 '우족'이다. 국립국어원의 《표준국어대사전》에도 족발은 "각을 뜬 돼지의 발. 또는 그것을 조린 음식"으로 나와 있다.

대체로, 한자로 사물을 이르면 고급하고 한글로 이르면 저급하다는 관념이 있다. 다른 말로 하면, 한자는 귀족적이고 한글은 서민적이다. 서민이 듣기에 기분 좋은 말로 표현하면, 한글로 쓰면 친근하다. 돼지의 앞뒷발과 그 바로 위 관절 부위를 이르는 단어가 족발인 것은, 이것으로 조리된 음식에 대한 한국인의 정서가 반영된 결과라 할 수 있다. 돈족 또는 돼지 다리라 이르지 않고 족발이라 부르는 까닭에서 족발을 소비하는 한국인의 마음을 읽을 수 있는 것이다.

소의 다리는 고급 보양음식 재료이다. 우족은 쉬 먹을 수 있는 것이 아니다. 우족을 푹 곤 국물은 특별난 사람이나 먹는 것이다. 기력이 쇠한 어른, 아이를 낳은 산모, 몸이 허약한 장손이나 이 우족을 먹을 수 있다. 집안에 '특별난 사람'은 있는데 우족을 살 여력이 없으면 돼지의 다리로라도 탕을 끓여야 한다. 푹 고면, 우족탕에 비해 어딘지 빈 듯하지만, 영양가 풍부한 음식으로 보인다. 족발에 대한 자료를 보면 한결같이 이 보양 콘셉트의 언설이 붙어 있다. "기력을 보하고 산모의 젖을 많이 나게 하며……". 소 다리가 으뜸이면 돼지 다리는 버금의 보양음식은 되는 것이다.

사물의 이름에는 그 이름을 사용하는 언중의 마음이 묻어 있다. 특히 음식 이름 중에 '재료+조리법'으로 구성된 일반의 단어가 아닌 것에는 그 음식을 먹는 사람의 정서가 강렬하게 박혀 있게 마련이다. 족발도 여기에 해당하는 음식 이름이다. 돼지 다리가 소 다리보다 한 단계 아래의 보양음식이라는 것에는 이견이 없다. 그래서 돼지 다리를 그냥 돈족이라 하면 보양음식의 으뜸 자리에 있는 우족의 명성에 손상을 줄 수가 있다. 돼지 다리를 먹을 수밖에 없는 처지에 있다 하여도, 우족은 언젠가는 먹을 수 있을 것이니 그 으뜸의 자리에 버티고 있어야 한다. 돈족보다는 급이 낮은 어떤 단어가 필요한 것이다. 족은 족인데 우족보다는 모자란 족. 족은 한자어이니 같은 뜻이지만 이보다 급이 낮은 한글의 발이라는 낱말을 덧붙이자 생각한 것은 집단무의식의 일이었을 것이다. 보양음식의 으뜸인 '족'에 서민적이고 친숙한 '발'을 붙이면서 언중은 아주 만족하였을 것이다. 서민의 보양음식 이름으로 이만한 것이 또 있겠는가.

오향장육과의 관계

집에서 해 먹는 족발의 보양음식은 탕이 대부분이지만 바깥에서 먹는 족발 보양음식은 조림이다. 간장을 기본양념으로 푹 조린 것인데, 족발이라 하면 생의 족발 외에는 이 음식을 뜻한다. 찝찌름한 간장 맛에 설탕의 단맛, 생강의 싸아한 맛 그리고 가끔은 여러 한약재의 향이 더해져 있다. 조선의 문헌에는 이런 음식이 없다. 그러나 문헌에 없어도 있었을 수는 있다. 일부 지방의 제사음식 중에 간장으로 조리는 닭찜이 있는데, 이 조리법에 닭 대신 돼지고기나 족발을 넣는 것은 어려운 일이 아니다. (제사음식은 음식문화의 화석이라 할 수 있다. 큰 변화 없이 전해지는데, 닭찜도 그럴 것이다.) '재료+조리법'의 작명을 하자면 돼지다리간장조림이다. 별스러운 기술이 필요하지 않은 음식이니 조선의 누군가가 지금의 족발과 유사한 음식을 먹었을 것이라고 상상하기는 쉽다. 그러나 조선에서는 돼지고기가 귀했을 것인데, 그 족발로 수율이 극히 떨어지는 조림을 해 먹었을 것이라 상상하기는 어렵다. 어쩌다가 해 먹었을 것 같은 음식 정도로는 문화가 될 수 없으며, 이를 붙잡고 연구하는 것도 별 흥미로운 일이 아니다.

족발의 조리법과 맛이 거의 유사한 음식이 한반도에 있다. 중국 음식점의 오향장육五香醬肉이다. 오향장육은 오향五香에 간장〔醬〕을 더한 국물에 돼지고기〔肉〕를 조려 낸 음식이다. 오향은 다섯 가지의 향신료, 즉 초피, 팔각, 회향, 정향, 계피를 말한다. 서울에 오향장육 전문점이 몇 군데 있다. 다 오래된 식당이며, 화상華商이 하고 있거나 화상이 하던 것을 물려받아 영업을 하고 있다. 오향장육과 족발은 그 맛이 흡사하다. 오향 중에 한국인이 싫어하는 몇 가지 향신료만 빼면 딱 그 맛이다. 장충동 족발의 원조 격에 드는 한 할머니도 여러 인터뷰에서 "중국집의 족발음식을 보고 이를 따라하였다"라고 말한다.

우리 땅에 화상이 들어온 것은 임오군란(1882) 이후의 일이다. 처음엔 인천에 집단 거주를 하다가 서울로도 들어왔다. 화상은 세계 어디를 가나 음식 장사를 잘한다. 화상의 음식점은 온갖 요리를 내는 스타일이 주류이나 별나게 단품요리를 내는 식당도 있다. 오향 장육 전문점도 여기에 든다. 오향장육에 하나 추가되는 것은 만두 정도이다. 오향장육 전문점은 일제강점기부터 있었다. 오향장육 한 접시에 배갈 한잔 마시고 만두로 마무리를 하는 선술집 형태이다. 2010년대 서울에 남아 있는 오향장육 전문점은 아직 이 스타일을 유지하고 있다. 이 오향장육이 우리의 족발에 영향을 미쳤을 것은 분명해 보인다. 그런데 화상의 오향장육은 족발로 하지 않는다. 살코기로 한다. 오향장족이라는, 족발로 하는 음식이 일부 중국집에서 팔리고 있으나, 이건 근래에 한국인의 기호에 따라 개발 또는 확장된 것이다. 한국의 족발은 오향장육의 조리법을 일부 카피하였지만 고기 부위를 달리하면서 한국인의 입맛에 맞게 재창조한 음식이라 할 수 있다.

중국 조선족 사회에도 족발이 있다. 맛은 한국의 족발과 거의 같다. 가리봉동 등 조선족이 사는 동네에 가면 족발을 파는 가게들이 많이 보인다. 조선족은 그들이 먹는 족발에 대해 중국인이 먹는 족발과 다르다고 말한다. 중국인은 여러 향신료를 넣지만 조선족은 이를 안 넣는다는 것이다. 중국 현지에서도 조선족의 족발과 중국인의 족발은 확실히 나뉜다고 그들은 말한다. 민족끼리의 입맛 전통이란 참 견고한 것이다.

장충동 한 원조집의 족발이다. 장충동의 것이라 하여 특별난 족발은 아니다.
족발 맛은 한반도의 것이 거의 비슷하다.

족발은 간장에 캐러멜 시럽과 양파, 생강 등등의 채소를, 가게에 따라서는
여러 한약재를 넣은 국물에 푹 삶아 내는 음식이다.

김일의 힘

장충동에 족발집이 10여 곳 된다. 원조를 주장하는 집들의 개업 연도는 1960년대 중후반이다. 장충동에 족발집이 크게 번진 것은 1970년대이다. 이즈음 장충동에만 족발집이 번창한 것은 아니다. 재래시장 곳곳에 족발집이 섰다. 까닭은, 족발이 충분히 공급되어 싸졌기 때문이다.

외식 시장에서 특정의 음식이 크게 번지게 되는 것은 그 음식의 재료 수급과 직접적인 관련이 있다. 싼 재료가 시장에 풀리면 이를 재료로 하는 음식이 외식 아이템으로 순식간에 퍼지게 되는 것이다. 예를 들면, 닭을 많이 키우게 되니 닭갈비와 프라이드 치킨이 크게 번지고, 육수용 멸치가 중국에서 대량으로 수입되면서 국수 프랜차이즈업체가 우후죽순으로 생기는 것이다. 2010년대 들어 떡볶이가 외식 시장에서 크게 번진 것도, 한식 세계화 바람과는 무관하게, 수입 쌀과 묵은 정부미가 쌀 가공업체에 싸게 공급되었기 때문이다. 그러니 외식 시장 음식의 변화를 분석할 때 소비자의 기호 따위를 중요 기준으로 삼는다든지 하면 헛다리 짚는 일이 된다. 어디서 어떤 재료가 싸게 들어오는지 파악하는 것이 외식 시장의 변화를 읽는 가장 정확한 방법이다.

1960년대 들어 한국은 돼지고기를 일본, 대만 등 아시아 국가에 수출하였다. 한국인이 먹을 것도 부족하였던 그때에 돼지고기를 수출하였던 것은 그게 돈이 되었기 때문이다. 돈 되는 것은 안 먹고 팔 수밖에 없는 형편에 있었던 것이다. 1970년대 들어서는 돼지고기 수출을 위한 대규모 양돈단지가 만들어지기도 하였다. 돼지고기는 수출되었지만 다리와 머리, 내장, 피 등 그 부속물은 이 땅에 남았다. 이 부산물은 재래시장에 공급되었고, 이를 재료로 한 족발과 순대, 머릿고기 등이 한국 서민의 음식으로 제공되었다. 삼겹살이 한국인의 주요 음식이 된 까닭도 이와 비슷하다. 1980년대 들어 돼지고기가 등심과 안심 등 부분육으로 수출되면서 삼겹살이 남아돌게 되고, 그게 시장에 풀리면서 한국인의 '삼겹살 신화'가 만들어진 것이다. 대부분의 세계인이 돼지고기 중에 등심과 안심을 고급 부위로 여기는 데 비해 한국인만 기름 많은 삼겹살 부위에 집착하게 된 까닭은, 슬프게도 이 고급 부위를 먹어 볼 기회가 없었기 때문이라 할 수 있다.

족발도 고기인 것은 맞다. 거기다가 보양음식이라는 이미지도 있다. 수출하고 남은 부산물이라 하여도 보양음식 족발이 싼 가격으로 시장에 풀리자 한국의 소비자는 환영하였다. 1970년대에 들자 전국의 족발집이 큰 호황을 누렸다. 그때에 장충동 족발집이 '대박'을 쳤다. 장충동 족발이 서울의 여느 족발에 비해, 아니 전국 재래시장의 여느 족발에 비해 하나 더 있는 게 있었는데, 족발집 앞의 장충체육관이었다. 물론 장충단공원, 남산 등도 장충동 족발이 유명세를 타는 데 일조하였겠지만, 이 체육관이 없었으면 지금의 장충동 족발은 없었을 것이다.

1960~70년대는 '체력은 국력'이었던 시절이다. 그 중심에 장충체육관이 있었다. 대한민국의 체육 경기는 장충체육관에서 거의 다 열렸다. 볼 거리, 즐길 거리 없던 그 시절, 장충체육관은 서울 시민의 놀이터가 되어 주었다. 그때 장충체육관 최고 흥행 프로그램은 김일의 프로레슬링이었다. 프로레슬링을 하는 날에는 장충체육관이 미어터졌고, 경기가 끝난 다음에는 체육관 건너편의 족발집들이 미어터졌다. 김일의 박치기를 보고 난 다음 '체력은 국력'이라고 더욱더 굳게 믿게 된 서울 시민, 별다르게 체력을 키울 방법이 없던 서울 시민은, 체육관 건너편의 족발집에나 몰려갈 수밖에 없었다. 한 접시의 족발이 앞에 놓이면 또 누군가는 "동의보감에 말야" 하고 족발의 건강음식론을 펼쳤을 것이다.

김일은 당시 한국인의 자존심이었다. 일본 프로레슬링의 대부 역도산의 적통이었기 때문이다. 일본에서 돌아온 한국인 레슬러 김일은 사각의 링 위에서 일본인 레슬러들을 박치기 한 방으로 통쾌하게 쓰러뜨려 주었다. 한민족을 고통스럽게 하였던 일본을 그렇게 혼내 주었다. "그래, 체력은 국력이야" 하며 드높아진 민족혼을 축하하는 자리에 으레 장충동 족발이 놓였을 것이다. 그 족발에 붙

1963년 개관할 당시의 장충체육관이다.
이 체육관의 최대 이벤트는 프로레슬링이었다.
체력은 국력이었던 시대, 이 체육관 앞에서 족발이 번창하였다.

어 있었던 몸통의 돼지고기는 일본인의 식탁에 놓였을 수 있다는 것은 모르고, 그렇게 족발을 민족적 자존심으로 뜯었다.

9

청
진
동

해
장
국

종로의 시장은 쇠퇴하였고 대신에 신식 건물이 들어서면서 '근대적 상가'가 되었다.
장꾼들이 들락거리던 국밥집은 그 근대적 상가에서 일하는 노동자의 식당으로
변하였다. 한국전쟁으로 종로는 폐허가 되었다가 1960~80년대 산업화 과정을 통하여
오피스타운이 되었다. 지식 노동자들이 종로의 주인이 된 것이다. 이때에는 벌써
종로가 거대한 시장이었다는 사실을 기억하지 못하게 되었다. 시장의 흔적이
다 사라졌기 때문이다. 시장의 흔적이라고 남은 것은 국밥 달랑 하나인데. 그 국밥을
먹으면서 조선의 시장을 상상하는 것은 쉽지 않은 일이다.

조선 장군의 음식이었다

한민족의 밥상은 밥과 국, 반찬으로 이루어져 있다. 국과 반찬은 밥 한 그릇을 맛있게 먹는 일에 보조적 역할을 한다. 밥상은 국과 반찬을 다 차려 내어야 할 것이나, 여러 사정으로 그러지 못할 때가 있다. 한 번에 많은 사람들의 끼니를 내야 할 때에는 국과 반찬을 따로따로 한 상씩 차리는 일이 버겁다. 밥한 그릇 맛있게 먹자고 상을 차리는 것이니, 이럴 때에는 밥을 국에 말아 내거나 밥에 반찬을 올려 내면 간편해진다. 이 음식이 국밥과 비빔밥이다. 한민족의 패스트푸드라 할 수 있다.

조선은 농민의 나라였다. 대부분의 사람들은 농사를 지었다. 나다닐 일이 없으니 끼니는 으레 집에서 해결하였다. 밥에 국과 반찬을 차려 놓고 먹었다. 그 밥에 국을 말거나 반찬을 올려 비벼서 먹었을 수도 있는데, 이 음식을 두고 국밥, 비빔밥이라 따로 이르지는 않았을 것이다. 또 옛 어른들은 밥을 말거나 비비는 것을 좋게 여기지도 않았다. 그렇게 밥을 먹으면 가난해진다 하여 말거나 비비는 것을 말렸다. 그러니 국밥과 비빔밥은 가정집의 음식이 아니었다고 할 수 있다. 그래도, 조선에 국밥과 비빔밥은 있었을 것이다.

조선 풍속화 속의 국밥

김홍도와 신윤복이 그린 풍속화에 주막을 그린 것이 있다. 김홍도의 그림은 장터에 있는 서민의 주막 같고, 신윤복의 그림은 양반 동네에 있는 사대부의 주막 같아 보인다. 김홍도의 그림에서는 솥이 걸리지 않았고 옹기에 담긴 어떤 음식을 내는 것으로 보아, 또 손님이 그릇을 기울이고 숟가락으로 음식을 먹고 있는 자세로 보아 죽이 아닐까 싶기도 하다.

신윤복의 그림에서는 주모가 솥 바로 앞에 앉아 있는 것이 이 주막에서 내는 음식에 국밥 정도는 있었을 것으로 충분히 짐작할 수 있다. 솥에 끓고 있는 국물에다 밥을 말아 낼 수 있는 구조이기 때문이다. 솥 바로 앞에 주모가 앉아 국밥을 말아 내는 이런 구조는 지금도 재래시장에서 가끔 발견할 때가 있다. 특히 경남 의령 재래시장의 종로식당 구조는 신윤복이 그린 주막과 너무나 흡사하여

신윤복의 그림(〈주사거배〉 부분)이다.
주모가 가마솥 앞에 앉아 즉석에서 음식을 내주는 구조이다.
조선의 패스트푸드 가게인 셈이다.

시대극 세트장이 아닌가 싶을 정도이다.

두 풍속화로 짐작할 수 있는 것은, 조선시대에 국밥과 비빔밥이 집 밖에서 먹는 일상의 음식이었을 수도 있다는 점이다. 이런 추측이 가능한 것은 당시에 음식을 차려 낼 수 있는 기물이 귀하였기 때문이다. 조선시대에 그릇은 넉넉히 쓸 만큼 흔하지 않았으며 또 상을 많이 가지고 있을 수도 없었다. 여러 사람을 상대로 한 끼 먹을 수 있게 음식을 내자면 국밥과 비빔밥이 될 수밖에 없었을 것이다. 국밥과 비빔밥이 가장 흔히 팔렸을 것으로 보이는 장소는 장터이다. 장터에는 사람들이 모이니 자연스레 음식을 파는 장사치들도 끼어들었을 것이다. 시장 사람들이 간편히 먹을 수 있는 음식으로 국밥과 비빔밥은 딱 좋았을 것이다. 이 전통은 유구하여 국밥과 비빔밥은 요즘의 시장에서도 장꾼들의 주요 음식으로 자리 잡고 있다.

국밥은 장터에서 흔히 보지만 비빔밥은 드물지 않느냐 하는 독자들이 있을 것인데, 근래에 비빔밥이 장터에서 쇠퇴한 것이 맞지만 예전에는 많았다. 그 유명한 전주비빔밥도 남문시장 좌판에서 비롯한 것이며, 안동의 헛제삿밥도 장터에서 광주리에 이고 팔던 음식이었다. 청주 육거리 장터에는 10여 년 전만 하더라도 수레에 밥과 반찬을 담아 끌고 다니는 행상이 여럿 있었다. 밥 위에 반찬을 올려 한 그릇의 비빔밥으로 팔았다. 비빔밥이 장터에서 쇠퇴한 이유는 반찬을 마련하는 데 손이 많이 가기 때문이다. 대여섯 가지 반찬을 하느니 국 하나 끓여 밥 한 그릇 말아서 내는 것이 여러모로 이득이니, 국밥은 승승장구하고 비빔밥은 사라지고 있는 것이다.

종로는 시장이었다

　서울 종로에는 국밥집이 많다. 그중에 '청진동 해장국'은 전국에서도 유명하다. 이 종로 국밥의 명성에 기대려는 전국의 업자들이 이 이름을 간판에 붙여 더 유명해졌다. 국밥은 전국 어디든 있을 것이며 종로의 국밥에 특이한 무엇이 있는 것도 아니다. 소의 여러 내장과 선지 그리고 우거지가 들어가는 것은 거의 같다. 서울 한복판 종로, 청진동이라는 이름이 주는 어떤 효과를 바라고 하는 일일 것인데, 하여간 종로의 국밥은 전국에서 유명하다.

　종로 국밥은 조선에서도 있었을 것이다. 이런 추측이 가능한 것은, 종로가 조선에서 가장 큰 시장이었기 때문이다. 이성계가 한양에 도읍을 정하고 성을 쌓은 후 성 안의 사람들이 먹고살 수 있는 물건을 조달하는 시장을 열었는데, 이를 시전이라 하였다. 지금의 종로와 남대문로에 해당하는 지역이다. 조선 정부는 이 지역에 행

1958년 광화문 네거리이다. 앞으로 곧게 뻗은 길이 종로이고
왼쪽으로 조금 높은 건물이 보인다. 그 건물이 조선의 시전이었다.
뒤로는 피맛길인데, 골목이 좁아 길이 보이지 않는다.

랑을 세우고 칸을 지어 상인에게 빌려 주고 세를 받았다. 노점을 단속하는 대한민국과는 달리, 조선은 좌판과 행상도 허용하였다. 물론 그들에게서도 세금을 거두었다. 조선시대 평균 잡아 성 안의 인구는 20만 명 정도 되었다 하니 종로 시장은 꽤 번잡하였을 것이다. 그 종로의 시장 안에 국밥집이 있었을 것으로 상상하기는 쉬운 일이다.

종로 국밥집 중에 가장 오래된 식당은 청진옥이다. 1937년에 개업을 하였다. 일제강점기를 거치면서 종로가 시장으로서의 기능을 점점 잃게 되는데, 그때만 하더라도 청진동에는 새벽장이 섰다. 청진옥의 2대 사장에게 들은 바에 의하면, 청진동 골목은 땔감시장이었다. 서울의 땔감은 주로 서대문 밖에서 가져왔는데, 지게에 나무와 숯 따위를 지고 밤새 무악재를 넘어와 새벽에 청진동 골목에 부리고는 국밥 한 그릇씩을 먹었다고 한다. 나무와 숯이 가득 쌓여 있는 시장 골목 여기저기에 가마솥이 걸려 있는 국밥집 풍경을 상상하면 될 것이다.

조선에서 '개화'란 곧 시장의 재편을 뜻하였다. 조선의 문이 열리자 중국과 일본의 상인이 서울의 상권을 장악하여 갔다. 그들은 조선의 상인이 버티고 있는 종로는 버려 두고 서울 곳곳에 시장을 열었다. 종로의 시장은 쇠퇴하였고 대신에 신식 건물이 들어서면서 '근대적 상가'가 되었다. 장꾼들이 들락거리던 국밥집은 그 근대적 상가에서 일하는 노동자의 식당으로 변하였다. 한국전쟁으로 종로는 폐허가 되었다가 1960~80년대 산업화 과정을 통하여 오피스 타운이 되었다. 지식 노동자들이 종로의 주인이 된 것이다. 이때에는 벌써 종로가 거대한 시장이었다는 사실을 기억하지 못하게 되었다. 시장의 흔적이 다 사라졌기 때문이다. 시장의 흔적이라고 남은 것은 국밥 달랑 하나인데, 그 국밥을 먹으면서 조선의 시장을 상상하는 것은 쉽지 않은 일이다.

그때의 새벽 주당들은 어디로 갔을까

종로의 국밥이, 그중에서도 청진동 해장국이 이름을 얻기 시작한 것은 1982년 야간통행금지 조치가 해제되면서부터의 일이다. 한국 정부는 일제로부터 해방되던 그해부터 야간에 사람들이 오가는 것을 법으로 금지하였다. 전두환이 피의 쿠데타로 집권한 후국민을 위로하는 몇 가지 달콤한 정책을 내놓았는데, 그중 하나가 야간통행금지 해제였다. 그러면서 한밤중까지, 아니 새벽까지 유흥의 시간을 즐기는 사람들이 생겼다. 디스코텍, 캬바레, 스탠드바, 룸살롱 등의 유흥업소가 서울 한복판에서 번창하였다. 밤을 새워 술을 마신 서울 시민에게 필요한 것이 해장국이었다. 청진동의 해장국집은 그렇게 하여 24시간 영업의 틀을 잡았다.

지금의 자리로 이전하기 전 청진옥에는 조영남이 기타를 들고 노래를 부르는 사진이 걸려 있었다. 조영남이 청진옥에서 연 '조찬 콘서트' 사진이다. 1980년대 말의 일이었던 것으로 기억하고 있다. 그당시 가수들은 호텔에서 디너 콘서트를 여는 것이 유행이었는데, 조영남이 이를 비꼬아 해장국집에서 '조찬 콘서트'라는 이름으로 판을 벌였던 것이다. 조영남은 새벽에 해장국을 먹고 있는 서울의 주당들 앞에서 "돌고 도는 물레방아 인생~"을 불러 젖혔을 것이다.

종로가 옛 종로가 아니다. 종로 서민의 상징이었던 피맛길은 사라졌고 청진동도 재개발되었다. 이 와중에 그 오랜 국밥집들이 문을 닫거나 자리를 옮겼다. 1937년 개업의 청진옥은 '르메이에르'라는 듣보잡의 이름을 하고 있는 거대한 건물의 한 귀퉁이에 겨우 붙어 있다. 거대자본의 시대에 조선의 장꾼 음식 따위의 가치가 눈에 들기나 하겠는가. 나무꾼, 장꾼, 노동자로 이어 온 종로 사람들의 삶이 그 거대한 빌딩 아래서 버겁게 버티고 있다.

국밥집의 원형을 볼 수 있는 의령 종로식당이다. 국밥은 서민의 음식이다.
그 출발점이 같은 비빔밥은 온갖 '스토리'를 붙여 한민족의 자랑스러운 음식으로
포장되고 있지만 국밥은 여전히 그 출신 성분을 유지하고 있다. 그게 더 고맙다.

10

영등포
감자탕

감자탕은 태생에서부터 하층민의 음식이었다. 쇠뼈의 설렁탕도 못 먹고, 쌀밥도 못 먹던 사람들의 음식이었다. 그러니, 감자탕은 어느 특정의 지역에서 유래한 음식도 아니었을 것이다. 여기저기에서, 하층민이 사는 곳이면 어디든 이 음식이 있었을 것이다. 이 감자탕을 서울음식에 넣자 생각한 것은 그 하층민이 가장 큰 집단으로 모였던 곳이 서울이기 때문이다. 한국전쟁 이후 농촌을 떠나 서울로 와 노동을 팔았던 그 수많은 사람들에게 돼지등뼈와 감자는 안주 겸 끼니가 되어 주었을 것이다.

뼛골 빠지는 삶

음식명은 주요 재료와 요리법, 또는 완성된 요리의 형태 등에 따라 붙이는 것이 관례이다. 음식 이름만 듣고도 그 음식으로 기대되는 맛을 예상할 수 있게 하기 위한 것이다. 그러나 이는 관례일 뿐이지 변칙은 항상 존재한다. 닭채소볶음이라 해야 마땅한 음식을 닭갈비라 부르고, 교과서에서까지 계삼탕이라 했던 음식을 삼계탕이라 우겨 말하며, 소시지햄찌개라 해야 할 것을 부대찌개라 하는 식이다.

감자탕도 이 변칙의 음식명을 가지고 있다. 감자가 들어 있기는 하지만 주요 재료는 아니다. 돼지등뼈를 푹 삶아서 감자, 우거지 등을 넣고 끓여 내는 음식이니, 정확하게 말하면 돼지등뼈감자우거지탕이라 해야 맞다. 그 때문에 이 감자탕이라는 이름에 대해 말들이 많다. '누가, 왜, 어떤 근거로 감자탕이라 부르기 시작한 것일까'

하는 것이다. 어느 방송에서 감자탕의 어원을 밝힌 적이 있다며 그 내용이 인터넷에 떠돌고 있는데, 이게 감자탕 유래의 정설처럼 굳어졌다. 감자탕의 주요 재료인 돼지등뼈를 감자뼈라고 불러 감자탕이라는 이름을 얻었다는 것이다. 한국인에게는 "방송에 나왔다" 하면 무조건 신뢰하는 나쁜 버릇이 있다. 이 '썰'은 엉터리이다.

돼지등뼈탕을 감자탕이라 부르게 된 까닭

한반도의 사람들은 먼 선사시대 때부터 돼지를 키웠다. 그러니까 오래전부터 돼지로 여러 음식을 해 먹었다. 이렇게 오랜 기간 흔히 먹는 음식의 재료에는 아주 구체적인 이름이 붙는다. 돼지 부위별로 다양한 이름이 붙는 것이다. 돼지뼈도 마찬가지였을 것이다. 그러니까 등뼈를 감자뼈라고 불렀을 수도 있다. 그런데, 감자라는 이름이 만들어진 것은 그리 오래되지 않는다. 감자가 한반도에 들어온 것은 겨우 1800년대 초의 일이다. 또, 이게 한반도의 농민에게 널리 보급되어 일상식日常食으로 자리를 잡은 것은 일제강점기 때의 일이다. 그리고 그때에도 감자를 감자라고 부르는 일은 많지 않았다. 공식 명칭은 마령서馬鈴薯였기 때문이다. 감저甘藷라고도 하였으며, 감저는 고구마를 뜻하기도 하여 감자-고구마-감저는 오랫동안

분별 없이 쓰였다. 감자를 감자라고 확실하게 이르게 된 것은, 그러니까 마령서, 감저 등의 말은 사라지고 감자와 고구마의 구별을 명확히 하게 된 것은 1960년대 들어서의 일이다. 1973년 과학기술처는 '생활기술용어 통일안'을 발표하는데, 이 통일안에서 비로소 마령서는 버리고 감자를 선택하게 된다. 그러니까, 최근래에 들어서야 널리 쓰이기 시작한 감자라는 이름이 수천 년 먹어 온 돼지뼈에 붙었을 가능성은 희박하다. 축산 전문가들도 감자뼈라는 이름의 돼지뼈는 없다고 한다.

그런데, 실제로 정육점이나 장터에 가면 돼지등뼈를 진열해 놓고 '감자뼈'라고 이름 붙여 파는 것을 흔히 볼 수 있다. 그러니까 감자뼈가 있기는 있는 것 아니냐고 우길 수도 있다. 내 생각에는, 감자탕이 유행하면서 '감자탕용 돼지뼈'를 파는 가게들이 생겼을 것이고, 이 가게 주인들이 '감자탕용 돼지뼈'니 '돼지등뼈'니 하는 식으로 표시하는 것보다 '감자탕뼈', 나아가 '감자뼈'라고 하는 것이 간단하고 손님들도 쉽게 알아볼 것이라 판단하고 그렇게 쓰기 시작하면서 감자뼈가 예부터 있어 온 단어라고 오인하게 된 것이 아닌가 싶다.

감자탕의 유래에 대한 또 하나의 '썰'이 있다. 강원도에서 유래한 음식이라는 것이다. 강원도에서 감자가 많이 나니 이 음식을 많이 해 먹었고, 그게 전국으로 번졌다는 것이다. 강원도에 감자 생산량이 많았던 것은 맞다. 그러나 감자가 쌀에 비해 많았던 것이지 그 총량이 절대적으로 많았던 것은 아니다. 강원도는 늘 식량이 모자랐던 곳이고, 따라서 감자가 주식 노릇을 하여 '강원도 감자'라는 이미지가 굳어진 것일 뿐이다. 또, 지금의 감자탕 같은 음식을 조리하자면 돼지등뼈가 넉넉하여야 하는데, 강원도에서 특별히 돼지를 많이 키웠다는 자료가 없다. 돼지를 키우려면 음식물 쓰레기라도 많아야 한다. 강원도처럼 먹을 게 부족한 지역에서는 돼지를 키우는 것이 버거운 일이었다. 제주도와 지리산 일대, 강화도 등지에서는 먹이가 마땅히 없어 똥을 먹이며 돼지를 키웠다는 사실을 상기해 볼 필요가 있다. 강원도의 사정이 이들 지역보다 나았을 것이라 생각하지 않는다. 감자 몇 알에 돼지등뼈 듬뿍 들어간 감자탕을 보면, 오히려 돼지를 많이 키웠던 지역을 찾아 그곳에서 유래한 음식이라 하는 것이 더 일리가 있어 보인다.

서울은 가난하였다

한반도의 옛 사람들은 쇠고기를 넉넉히 먹지 못하였다. 농사를 도와야 하는 소를 함부로 잡을 수 없었기 때문이다. 대신에 돼지는 그런대로 제법 먹었을 것이다. 아무것이나 잘 먹고 새끼도 많이 낳기 때문이다. 그러나 이도 그렇게 넉넉한 것은 아니었을 것이다. 그러니 돼지를 잡으면 악착같이 살을 발라 먹었을 것이다. 이 '악착같이'에서 감자탕의 유래를 찾을 수 있다.

돼지를 잡으면 버리는 것은, 지금도 그렇지만, 뼈와 털 정도였다. 돼지의 것 중에 사람이 소화시킬 수 있는 모든 것을 먹었다. 뼈도 푹 고아 먹었다. 그래도 살이 가장 중요한 부위여서 이 살을 발라내는 데 온 신경을 썼을 것이다. 그런데 살을 알뜰히 발라낼 수 없는 부위가 있다. 바로 등뼈이다. 이 등뼈는 굴곡이 져 있다. 칼로 등뼈의 살을 아무리 발라내도 발리지 않는 살이 있다. 이걸 버릴 수는 없는 것이다. 등뼈에 마지막까지 붙어 있는 살을 가장 쉽게 먹는 방법은 삶는 것이다. 삶으면 살을 바를 수 있다. 그러니까 '돼지등뼈탕'은 돼지를 사육하였던 먼먼 선사시대부터 있었던 음식일 수 있다. 아니, 솥이 있어야 했으니, 삼국시대부터 있었던 음식이라 해 둘 수 있다.

지금의 감자탕에 든 등뼈는 그래도 살이 많은 편이다. 감자탕용으로 살을 좀 남겨 두었기 때문이다. 예전의 감자탕 등뼈는 발라 먹을 것이 정말 적었다. 겨우겨우 붙은 살을 쪽쪽 빨아 먹었다. 그래서 이 탕의 애초 이름은 뼈다귀탕이었다. 뼈다귓국, 뼈다귀해장국이라고도 하였다. 살이 워낙 적으니 그릇에 등뼈를 가득 채워 줄 수밖에 없고, 그래서 뼈다귀탕이었던 것이다. 국물을 거의 없이 내는 것

감자탕을 낼 때 따로 삶아 놓은 감자를 몇 알 얹어 낸다.
이제는 감자가 들어가지 않은 감자탕이 흔히 보인다.

살을 발라 먹고 남은 뼈이다. 감자탕에는 이 못 먹는 뼈가 제일 많다.

도 있었는데, 이를 두고 '따귀'라고 불렀다. 소의 등뼈를 삶아 국물 없이 내는 음식도 따귀라 하였다. 따귀는 안주로 먹는 것이었다. 서울의 오래된 설렁탕집, 해장국집 중에 아직 따귀를 메뉴판에 올려 둔 곳이 있다.

뼈다귀탕에 언제부터 감자가 들어가게 되었는지는 알 수 없다. 추측할 수 있는 것은, 일제강점기 때 감자 재배가 부쩍 늘었는데, 그즈음에 지금의 감자탕 모양이 만들어졌을 수 있다는 것이다. 일제는 한반도에서 쌀을 빼앗아 가면서 한반도 사람들이 먹고살 식량으로 감자와 고구마를 적극적으로 보급하였고, 그렇게 하여 흔해진 감자가 뼈다귀탕에도 들어갔을 것이다.

뼈다귀도 그렇고, 감자도 그렇고, 감자탕은 태생에서부터 하층민의 음식이었다. 쇠뼈의 설렁탕도 못 먹고, 쌀밥도 못 먹던 사람들의 음식이었다. 그러니, 감자탕은 어느 특정의 지역에서 유래한 음식도 아니었을 것이다. 여기저기에서, 하층민이 사는 곳이면 어디든 이 음식이 있었을 것이다. 이 감자탕을 서울음식에 넣자 생각한 것은 그 하층민이 가장 큰 집단으로 모였던 곳이 서울이기 때문이다. 한국전쟁 이후 농촌을 떠나 서울로 와 노동을 팔았던 그 수많은 사람들에게 돼지등뼈와 감자는 안주 겸 끼니가 되어 주었을 것이다.

뼈다귀탕이 감자탕이라는 이름을 가지게 된 것은 서울에서의 일이었다고, 농촌을 떠나 서울로 온 노동자들이 붙인 이름일 것이라고 나는 추측하고 있다. 고향을 떠나 서울에 와서 먹는 게 '돼지의 뼈다귀로 끓인 탕'이니, 뼈다귀탕이라는 이름이 자신의 가난을 노골적으로 드러내는 것이 아닌가 싶었을 것이다. 감자는, 고향에서 흔히 먹었던 그 감자는, 향수를 불러오고, 그래서 내가 먹는 음식이 낯선 도시의 하층민 음식이 아니라 누군가의 고향에서 먹었던 음식이었으면 하여, 감자 겨우 한두 알 든 돼지등뼈탕을 감자탕이라 이르게 되었을 수도 있다는 것이 내 추측이다.

영등포역 앞의 한 골목에 감자탕집이 모여 있었다. 2011년 이 책을 위해 취재를 하면서 이 골목에서 감자탕을 먹었다. 언제부터 있었는지 모르는, 낡고 허름한 가게들이었다. 감자탕집에서 일하는 한 할머니와 긴 이야기를 하였다. 경상도 어느 시골에 살다 어린 나이에 대구로 식모살이 나오고, 또 서울로 이주하여 행상을 하면서 살아온 삶을 들려주었다. 감자탕같이, 찐득한 삶이었다. 2012년 어느 날 이 감자탕 골목이 헐렸다는 말을 전해 들었다. 그때 찍은 할머니의 사진을 보았는데, 웃고 있었다. 사진을 찍으며 내가 웃으라 부탁한 것이었다. 웃을 것이 아니었다.

1990년대 들어 프랜차이즈업자들이 감자탕을 때깔 난 식당에서 먹는 음식으로 재구성하고 있다. 그러나 감자탕의 유래를 생각하면 그런 데서는 진짜 감자탕 맛을 느낄 수가 없다. 가게는 좁아서, 거의 노천이다 싶은 곳에 놓인 나무탁자 위에 아무렇게나 던져지는 감자탕이 진짜 감자탕이다. 돼지등뼈 가운데의 노란 속을 쪽쪽 빨며 '뼛골이 빠지는 삶'을 견뎌 낸 서울 변두리 사람들을 기억할 수 있게 해 주는 감자탕이!

영등포 할매집의 '할매'이다. 주인은 아니다. 하루 12시간 일하고 한 달에 120만 원을 받았다. 문경에서 딸 셋의 장녀로 태어나 열다섯에 대구로 나가 식모를 살았으며 서울로 이주하여서는 생닭 행상을 하다가 여기 감자탕집에 터 잡고 꽤 오래 일하였다. 서울에서 감자탕 먹는 인생들도 별반 다르지 않다.

II

을지로 평양냉면

이 전통적인 냉면 전문점들은 1970년대 이후 크게 쇠퇴하게 된다. 그 첫째 원인이 '위생'이었다. 보건당국은 여름 성수기에 맞추어 집중적으로 냉면집 위생 단속을 하였다. 매년 여름이면 언론에서는 "대장균 냉면" "콜레라 위험" 등의 기사를 대대적으로 내보냈다. 여름 한철 장사인데, 이런 직격탄을 맞고 버틸 수 있는 냉면집은 드물었다. 1980년대에 들자 냉면집은 다소 특이한 경쟁 상대와 맞서야 했다. 당시 경제 사정이 나아지자 고깃집이 크게 늘었다. 이들 고깃집에서는 냉면을 아주 싸게, 어떨 때에는 공짜로 내었다. 이 고깃집 싸구려 냉면에 맛을 들인 서울 사람들은 냉면 전문점에서 냉면을 너무 비싸게 파는 것이 아닌가 의심을 하게 되고, 그렇게 냉면집들은 손님을 잃어 갔다.

평양이라는 이름의 맛

우리밀 살리기 운동을 하는 분들에게는 섭섭한 말이 될 수 있겠지만, 한반도의 자연 환경은 밀 재배에 적합하지 않아 애초 밀 재배를 많이 하지 않았다. 또, 한반도에서 밀 재배가 잘되는 지역이 일부 있다 하여도 예전에는 그다지 많이 심지 않았다. 밀 재배 경합 작물이 보리인데, 밥을 주식으로 하는 입식粒食문화에는 보리가 더 환영받을 것이 뻔하지 않겠는가. 그러면 우리 민족에게 분식粉食문화가 아예 없었는가 하면, 그렇지 않다. 밀 대용품인 메밀이 있었다. 이름 그대로 밀보다 차지지 않아 메-밀이다. 메밀은 척박한 땅에도 잘 자라고, 생육 기간이 짧아 봄 파종 작물이 망가졌을 때 재빨리 대체 파종을 하여 수확물을 거둘 수 있어 한반도 전역에서 재배되었던 작물이다. 단점이 딱 하나 있는데, 메밀에는 글루텐이 극히 적어 반죽을 하여도 밀처럼 부풀리거나 늘

리지 못한다는 것이다. 빵이며 국수문화가 발달할 수 없는 환경에 한민족이 살았던 것이다.

반죽에 한계가 있다 하여도, 메밀이 흔하니 한민족은 이를 가지고 국수를 만들어 먹었다. 메밀 반죽에 찰기를 더하기 위해서 지금은 대체로 밀가루를 섞지만, 옛날에는 밀가루도 귀하여 녹두로 만든 전분, 즉 녹말을 더하였다. 이 반죽으로 반대기를 만들어 돌돌 말아 썰면 메밀칼국수(일본음식에서는 소바)가 되고, 보통은 이런 국수를 만들어 먹었다. 이 메밀 반죽으로 국수를 내리는 틀도 있었다. 좁은 구멍을 송송 낸 분창에 메밀 반죽을 넣고 위에서 눌러 국수를 빼내는 것이다. 이 틀을 국수틀이라 한다. 국수틀이 요즘은 기계화되어 냉면집, 막국숫집 주방에 흔히 놓여 있지만 옛날의 것은 나무로 되어 있었고, 귀하였다. 큰 마을이라도 국수틀이 있는 집은 한 집 정도밖에 없었다. 다행한 것은, 이 국수틀이 '이동식'이라는 점이다. 동네 사람들이 서로 빌려 쓸 수 있어 큰 불편함은 없었다.

여기까지는 여염집 사정이고, 조선시대 주막 같은 곳에서는 국수틀이 부엌에 항시 있었다. 아니다. 항시는 아니다. 메밀은 가을에 거두어 보통은 겨우내 이를 식량으로 삼으므로 가을-겨울-봄에는 주막의 부엌에 국수틀이 있었을 것이다. 여름에는? 그때면 메밀이 떨어질 때도 되었거니와, 국수틀 작업은 최소한 장정 셋은 붙어

냉면은 메밀가루에 전분을 섞어 반죽하여 국수틀에 내려 면을 뽑는다.

야 할 정도로 힘이 드는데, 좁은 주막 부엌에서 아궁이에 불 들이고 그 위에 솥 걸어 물 끓인 후 틀 올려 국수 누르는 일이 쉬운 일이 아니었을 것이니, 여름에 메밀국수 내리는 일은 거의 없었을 것이다. 메밀국수를 으레 찬 국물에 말아 먹게 된 연유를 이 계절적 요인에서 찾을 수도 있을 것이나, 국수 내리느라 아궁이에 불을 지핀 상황에서 따뜻한 육수를 얻는 것이 별 어려운 일이 아닐 것이므로 메밀국수와 찬 육수의 결합은 다른 요인에 따른 것이라 보아야 한다. 메밀국수는 더운물에 쉬 풀어지므로 찬 국물에 담가 먹는 것이 좋다. 그래서 냉면, 막국수, 소바 등이 그런 것이다.

평양냉면 자랑 속의 경성냉면

메밀국수는 조선에서는 어디서든 해 먹던 국수였다. 다시 한 번 말하는데, 일제강점기까지도 밀은 귀했고 메밀은 전국에서 흔했다. 평양냉면, 진주냉면, 춘천막국수 따위로 지명이 붙은 것은 그렇게 오래된 일이 아니다. (함흥냉면은 감자 전분으로 국수를 내렸고 지금은 고구마 전분을 주로 쓰니 앞의 메밀국수들과는 따로 분류하여야 한다.) 조선의 한양에도 찬 국물을 더한 메밀국수를 파는 데가 있었을 것이다. 국수라고 하였거나 냉면이라 하였거나 메밀국수라 하였거나 막국수라 하였거나, 하여간 찬 국물의 메밀국수는 있었을 것이다. 일제강점기 초기 자료를 보아도 경성에는 냉면집이 꽤 많았던 것으로 보인다. 그러나 경성냉면은 맛에서 명성을 얻지 못한 것으로 보인다. 그때에 벌써 평양냉면은 유명하여 경성냉면과 곧잘 비교되었다.

다음은 1926년 8월 21일자 《동아일보》 3면에 실린 글이다. '평양인상'이라는 연재물이 버들쇠라는 필명으로 게재되고 있었는데, 그 아홉 번째 것의 제목이 '요리 비판—평양냉면'이다(표기와 문장을 읽기 쉽게 고쳤다).

소오 형小梧兄! (편지투의 글인데, 작가가 임의로 호칭어를 만든 듯하다) 이곳 음식으로는 전 조선적으로 유명한 것이 세 가지가 있고, 특별히 잘한다는 칭찬을 받는 것이 두 가지가 있으니, 전자는 냉면, 어복장국, 어죽 등이요, 후자는 맹물, 약주상 등입니다. 냉면이란 어디 것 어디 것 합니다만 평양냉면같이 고명高名한 것이 없습니다. 이곳 냉면은 첫째 국수가 좋고, 둘째 고기가 많고, 셋째 양념을 잘합니다. 게다가 양도 많고 값조차 싸니 더 말할 나위가 있겠습니까.

서울에서는 제아무리 잘 만드는 국수라도 밀가루를 섞습니다만 이곳에서는 순전한 메밀로만 만들며, 쇠고기, 돼지고기를 서울보다 갑절씩이나 넣는데, 평양육이 얼마나 맛있는지 형도 이미 아시는 바이라 누누이 말하지 않겠습니다. 게다가 닭고기와 달걀까지 넣으며,

닭 삶은 국물에다가 말아서 갖은양념을 하니 얼마나 맛이 있겠습니까. 게다가 양은 서울냉면의 갑절이 실히 되며 값은 단돈 15전입니다. 이곳 문자로 '맛박어' '비벼' 놓으면 그 맛을 참으로 무엇에다 비하겠습니까. 맛박는다는 말은 국수를 조금 적게 넣고 그 대신에 고기를 더 넣어서 만드는 것이며, 비빈다는 말은 기름깨소금을 많이 넣어 양념을 더 잘한다는 것입니다. 맛박어 놓은 것이라도 국수의 양은 서울 25전짜리 냉면 한 그릇보다는 많습니다.

소오 형! 그리고 이곳 냉면은 여름이 제철이 아니랍니다. 원래는 겨울이 제철이랍니다. 여름에는 고깃국물에다 말지만 겨울에는 동치밋국물에다 만다고 합니다. 고깃국물이라도 서울냉면 국물은 맹물에 간장을 끼얹은 것 같아서 한 모금도 마실 만하지 않지만 이곳 냉면 국물은 고기 삶아 낸 국물 그대로 차게 해서 붓는 것이라 맛이 훌륭합니다. 그래도 이곳 사람들은 여름 냉면 국은 맛이 없다고 하며 겨울 국은 참말 맛이 있다고 합니다.

글 내용은 내내 평양냉면 자랑이지만, 그 비교 대상인 서울냉면도 당시 경성 사람들이 많이 먹는 음식이었다는 것을 미루어 짐작할 수 있다.

평양냉면이라는 새빨간 거짓말

서울의 냉면은 해방 이후에도 꾸준히 많이 팔렸다. 냉면집은, 지금과 비슷하게 대체로 사대문 안에 있었는데, 조선시대부터 내려오는 냉면집의 전통적 입지가 영향을 미쳤을 것이다. 1965년 서울시가 점심 때 식당을 이용하는 사람들의 직업과 그들이 먹는 음식을 조사한 자료가 있는데, 조사 대상 114명이 제일 많이 먹은 음식이 냉면이고 그다음이 불고기백반, 설렁탕, 비빔밥이라 기록하고 있다.

그런데 2013년 현재 상황을 보면, 서울에 냉면집이 많지가 않다. 을지로에 몰려 있는 몇몇의 오랜 냉면집과 그 외 서울 여기저기에 박혀 있는 냉면집 몇 곳인데, 열 손가락 안에 꼽힌다. 그렇다면 서울 사람들은 30~40년 만에 냉면을 안 먹게 된 것일까? 그동안에 무슨 일이 일어난 것일까?

서울의 음식점들을 자세히 관찰하면, 서울 사람들이 냉면을 먹지 않는 것이 아니다. 무지무지 먹는다. 흔하게는 고깃집에서 먹고, 또 분식집에서도 먹는다. 냉면 전문점이 적다는 것이지, 서울에서 가장 많은 식당인 고깃집 ─ 갈빗집, 등심집, 삼겹살집, 돼지갈빗집, 닭갈빗집 등등 ─ 중에 냉면 안 내는 식당이 없으니, 냉면 내는 식당이 제일 많다 할 수도 있을 것이다.

조선에서부터 일제강점기를 거치면서 서울의 냉면집은 나름의 독특한 영업 형태를 갖추었다. 불고기와 냉면의 결합, 수육과 냉면의 결합 같은. 또 선주후면先酒後麵(먼저 불고기와 수육에 술을 마시고 나중에 냉면을 먹음)이라는 냉면집만의 '스토리'도 만들었다. 그러나 이 전통적인 냉면 전문점들은 1970년대 이후 크게 쇠퇴하게 된다. 그 첫째 원인이 '위생'이었다. 보건당국은 여름 성수기에 맞추어 집중적으로 냉면집 위생 단속을 하였다. 매년 여름이면 언론에서는 "대장균 냉면" "콜레라 위험" 등의 기사를 대대적으로 내보냈다. 여름 한철 장사인데, 이런 직격탄을 맞고 버틸 수 있는 냉면집은 드물었다. 1980년대에 들자 냉면집은 다소 특이한 경쟁 상대와 맞서야 했다. 당시 경제 사정이 나아지자 고깃집이 크게 늘었다. 이들 고깃집에서는 냉면을 아주 싸게, 어떨 때에는 공짜로 내었다. 이 고깃집 싸구려 냉면에 맛을 들인 서울 사람들은 냉면 전문점에서 냉면을 너무 비싸게 파는 것이 아닌가 의심을 하게 되고, 그렇게 냉면집들은 손님을 잃어 갔다.

서울에서 냉면 전문점은 을지로와 그 인근에 몰려 있다. 1946년에 개업한 우래옥이 있고, 1970~80년대 개업한 필동면옥, 을지면옥, 평양면옥 등이 있다. 서울에서의 긴 냉면 역사를 상기하면 이들 식당이 문을 연 지는 그다지 오래되었다고 할 수 없다. 하여간, 이 냉면집들은 한결같이 그 맛과 조리법의 전통이 평양에 있음을 강

우래옥의 냉면이다. 쇠고깃국물에 간장 조금 타고 메밀국수를 말아 낸다.
이 스타일을 두고 다들 평양냉면이라 부르나 옛날 서울냉면도 이랬다.

조한다. 또 손님들도 이 냉면들이 평양의 것이라 의심하지 않는다.

1948년《경향신문》에 실린 독자투고의 짧은 글이 퍽 인상적이다. 서울 시민이 투고한 것인데, 그 당시만 하더라도 서울냉면에 대한 서울 시민의 자부심이 있었는지도 모르는 일이다. "평양냉면. 냉면옥冷麪屋에는 흔히 이런 문구가 쓰여 있다. 평양냉면이 아무리 맛있은들 삼팔선을 넘어 운반해 왔단 말인가요. 서울서 만드는 냉면을 평양냉면이라는 새빨간 거짓말."

앞서 인용한 1926년《동아일보》기사에 '평양육'이라는 단어가 나온다. '평양 쇠고기'라는 뜻이다. 평양냉면이 특히 유명하게 된 것은 이 평양의 소 덕분이다. 일제가 한반도의 소 품종을 통일하기 이전 지역마다 특유의 소들이 있었는데, 평양의 소, 그러니까 평양우平壤牛가 맛있기로 한반도의 으뜸이라 하였다. 이 평양우의 가치를 발견한 이들은 일제였으며, 이들은 평양우를 적극 증식하였고 또 일본으로 상당량 수입해 갔다. 당시에 평양냉면이 맛있다 한 것은 이 평양우로 우려낸 육수 덕이라 할 수 있다. 이 평양우를 빼면, 메밀국수며 그 외 조리법에서 서울을 포함해 한반도 여타 지역의 냉면이 평양냉면만 못할 요소는 없어 보인다.

한국전쟁 이후 서울에 남은 북녘 실향민들에게 서울에 포진한 평양냉면이 위안의 음식이 될 수는 있지만, 서울에도 오랜 전통이 있음에도 스스로 서울냉면이라 주장하는 냉면 전문점이 단 하나

한일관뿐이라는 사실은 참으로 신비스러운 일이다. 서울은, 서울에 사는 모든 이에게 타향인 것은 아닌지.

12

오장동

함흥냉면

서울에서 함흥냉면은 오장동의 것을 원조로 여긴다. 20여 년 전에 돌아가신, 홍남 출신의 한 실향민이 1953년에 개업한 함흥냉면집이 유명해지면서 그 곁에 여러 함흥냉면집이 생겼다. 물냉면도 있지만, 대부분 비빔냉면을 먹으며, 또 비빔냉면이라야 함흥냉면이라고 여긴다. 회냉면에는 비빔냉면 위에 회무침이 오른다. 면은 질기고 양념은 맵다. 구수한 메밀 향에 고깃국물의 감칠맛이 더해져 있는 평양냉면에 비하면, 억세고 거칠고 강하다. 함경도 아바이가 이럴 것인가. 개마고원이 이럴 것인가.

함경도 아바이의 삶이 이리 질길까

　　흔히들 냉면이라 함은 평양냉면과 함흥냉면을 아울러 말한다. 이런 분류는 잘못이다. 이름만 평양'냉면', 함흥'냉면'이지 면의 재료와 양념법, 맛의 포인트가 전혀 다른 음식이기 때문이다. 평양냉면은 메밀면과 육수의 조화를 중시하는 음식이고, 함흥냉면은 감자 또는 고구마 전분면과 고춧가루양념의 조화를 중심으로 하는 음식이다. 함흥냉면을 평양냉면과 한 부류에 넣자면 일본 냉라면, 중국 냉면, 인천쫄면, 부산밀면 등등도 다 평양냉면과 같은 부류에 넣어야 할 것이다. 또, 평양냉면과 가장 유사한 음식으로 막국수를 들 수 있는데, 평양냉면을 이야기할 때 함흥냉면을 꼭 끼워 넣으면서 막국수는 제외하는 묘한 버릇이 있다. 이런 현상이 벌어지는 것은 음식은 안 보고 '냉면'이라는 이름에만 집착하기 때문이다. 함흥냉면에서 '집착'하여야 할 것은 그 면의 재료이다. 그 면의 재료는 애초 감자였다. 그래서 감자 이야기에서부터 오장동 함흥냉면 이야기를 풀어 보기로 한다.

감자의 역사가 함흥냉면의 역사이다

감자가 한반도에 들어온 것은 1820년대이다. 조선의 실학자 이규경은 《오주연문장전산고五洲衍文長箋散稿》에 "순조 갑신·을유(1824~1825) 양년 사이 명천明川의 김씨가 북쪽에서 종자를 가지고 왔다"라고 기록하였다. 그러나 그 당장에 감자가 크게 번진 것은 아니었다. 1890년대 이후에 들어서야 강원도와 함경도, 평안도 등의 산간지로 재배 면적을 넓혀 나갔다. 일제는 감자 재배에 적극적이었다. 한반도의 식량 부족을 해결할 수 있는 작물로 감자에 주목한 것이다(남부 지방은 고구마였다).

일제가 감자를 식량작물로 주목하게 된 것은 재배가 쉽기 때문이다. 척박한 땅에서 잘 자라고 병해충도 적다. 특히 흉년이 들어도 감자는 그 덩이줄기를 웬만큼 거둘 수 있게 땅속에 남기는 미덕이 있다. 아무리 가물어도 평년작의 절반은 거둘 수 있다. 보관도 어렵지 않다. 토굴에 묻으면 된다. 겨울에 감자가 얼어도 먹을 수 있다. 물에 우려 전분을 받으면 되는데, 이것으로 한 감자음식이 더 맛있다. 여기에다, 감자는 그 조리법이 단순하다. 삶기만 하면 끼니로 먹을 수 있다. 한반도 주민의 오랜 주식은 밥인데, 밥을 할 때 감자 숭숭 썰어 넣으면 주식으로 손색이 없다. 갈아서 부침개도, 떡도 할 수가 있다. 그러면, 국수는?

감자로 국수 만들기는 쉽지 않다. 감자로 면을 뽑으려면 전분을 따로 추출하여야 하는데, 이 전분 추출 작업 자체가 어렵다. 감자를 물에 넣어 삭히고 나서, 이를 갈아 비지(감자의 섬유질)를 분리한 후, 물 속의 전분을 내려앉혀 굳히고, 이를 말려 분쇄하는 과정을 거쳐야 한다. 그다음에는 이 전분으로 반죽을 하고 국수틀에 눌러야 하는데, 국수 하나 먹자고 이 번잡한 일을 감당할 수는 없는 것이다. 감자 전분 국수가 중국의 당면 외에는 세계 어디에서도 잘 볼 수 없는 데는 이런 까닭이 있는 것이다.

그럼에도, 한반도에서는 감자 전분 국수가 만들어졌다. 이를 함흥냉면이라 하며, 한반도의 전통음식의 하나인 듯이 자리를 잡고 있다. 한반도에 감자가 들어온 지 기껏 200년도 안 되었고 본격적으로 재배된 것은 100년 남짓할 뿐인데, 그 사이에 어떤 일이 벌어진 것일까? 또, 왜 이 감자 전분 국수에 함흥냉면이라는 이름이 붙은 것일까?

개마고원의 감자 전분이 국수틀에 들어가다

요즘 감자 하면 강원도를 떠올리지만, 분단 이전만 하더라도 함경도가 주요 산지였다. 땅이 비탈지고 척박하기로는 함경도가 더 심하며, 따라서 그 주요 작물로 감자가 선택된 것이다. 특히 일제강점기에 개마고원 개발이 본격화되었는데, 이때 개발 이주민의 주요 작물이 감자였다. 아니, 감자가 없었으면 개마고원 개발 자체가 어려웠을 수도 있다. 감자의 장점 중 하나는 재배 기간이 무척 짧다는 것이다. 봄에 심으면 여름 가기 전에 거둘 수 있다. 개마고원은 가을이면 일찍 서리가 내려 여느 작물은 재배가 어려운데 감자는 괜찮다.

1920년대에 들면서 일제는 감자에서 식량 그 이상의 가치를 발견하게 된다. 감자 전분으로 당(엿)이나 알코올(술) 등을 만들 수 있을 뿐만 아니라 화장품, 방직 등 여러 가공업의 재료로도 사용할 수 있어 산업적 가치가 높다는 데 눈길이 간 것이다. 일제는 감자 전분 생산기지로 함경도, 특히 개마고원 지역을 선정하였다. 1931년 9월 11일자 《동아일보》에 '화전민 300호를 백두산록에 이주'라는 제목의 기사가 있다. "혜산진 보천보 농사시험장을 중심으로 백두산록의 경사지 50만~60만 정보의 땅에 화전민을 이주시켜 개척하게 하고, …… 우선 내년에는 혜산진 부근에 화전민 300호를 이

주시켜 감자를 경작게 하고 그 생산품으로 전분이나 알코올을 제조하는 소공장을 세우리라 한다."

감자에서 전분을 생산하는 일은 복잡하다. 일제강점기 때의 신문에는 이 감자 전분 만드는 요령이 자주 등장한다. 가정에서 이를 만들어 쓰라고 한 것이 아니다. 전분으로 만들어 팔 수 있는 장소까지 그 기사에서 알려 주고 있다. 일제의 산업에 감자 전분이 필요하였고, 그 생산을 함경도 농민에게 맡겼던 것이다.

조선시대에 개마고원은 버려진 땅이었다. 따라서 삼림이 울창하였다. 일제는 한반도 강점 초기부터 개마고원의 나무를 베어 갔다. 뗏목을 만들어 압록강이나 두만강의 물길에 태워 실어 날랐다. 1920~30년대에 개마고원을 외부와 잇는 임도와 철도가 놓였다. 특히 1937년에 개통된 혜산선은 개마고원 개발에 결정적 역할을 하였다. 혜산은 조선시대 오지의 대명사인 삼수갑산 바로 위에 있는 압록강변 지역이며, 그 철로의 한쪽 끝은 동해안의 길주에 닿아 있다. 길주역에서는 1928년에 개통된 함경선이 연결되는데, 이 함경선을 따라 남으로는 함흥과 원산, 북으로는 청진에 이어진다. 애초 나무를 나르기 위해 기획된 임산철도였지만, 이 철길을 통하여 개마고원과 함경도 여러 지역의 감자 전분도 운송되었다. 그 중간 도착지 중의 하나가 함흥이었다. 당시 함흥은 일본인이 대거 거주하는 무역항이었다. 함흥에 모인 감자 전분은 다시 배와 기차에 실려 일본과 한반도 전역으로 퍼져 나갔을 것이다.

함경도의 그 낯선 이름들

감자 전분이 있으니 이제 국수틀만 있으면 면을 뽑을 수 있다. 메밀면을 뽑는 국수틀, 그러니까 '평양냉면 국수틀'은 그 당시 함흥에도 있었다. 함경도에서도 예부터 메밀 농사가 흔하였기 때문이다. 이 국수틀에 감자 전분의 반죽을 넣고 면을 뽑아 보자 생각하기는 무척 쉬운 일이다. 1930년대에는 식당용으로 기계화된 국수틀이 보급되는데, 이 국수틀과 감자 전분의 결합을 가장 반긴 이는 아마 식당 주인들이었을 것이다. 특히 감자 전분이 모여드는 함흥에서는 그 재료가 쌌을 것이고.

함경도 출신들의 증언에 의하면, 감자 전분으로 내린 국수의 이름은 애초 농마국수 또는 감자농마국수였다. 농마는 녹말의 함경도 사투리이다. 녹말은 '녹두의 분말'에서 온 것인데, 어떤 식물에서 유래한 것이든 전분이면 다 녹말이라 하는 버릇이 생겨 이제는 '녹말=전분'으로 굳어졌다. 이 농마국수에 함흥냉면이라는 이름이 붙은 것은 농마국수가 함흥을 떠나면서 생긴 일일 것이다. 음식 이름 앞의 지명은 그 출신지를 벗어나면서, 또는 그 지역 밖에까지 이름이 나면서 붙게 되는 것이기 때문이다.

일제강점기에 감자 전분의 국수가 함경도, 특히 함흥에만 있었다고 보기는 어렵다. 1930년대에 이미 기계식 국수틀은 한반도에 널리 보급되었고, 그 국수틀에 넣는 반죽의 재료는 싼 것이면 이것저것 선택되었을 것이라 충분히 짐작할 수 있다. 즉, 함흥에서 감자 전분 국수를 많이 먹었을 수는 있으나 함흥에서만 먹지는 않았을 것이라는 추측이다. 냉면문화와는 거리가 멀 것이라 여기는 남녘 지방에서도 감자나 고구마 전분의 국수를 냉면이라는 이름으로 내는 식당이 오래전부터 있었다. 그러니, 일제강점기의 경성에서도 농마국수가 이미 있었을 것이다. 이 농마국수는 그게 물이든 비빔이든 냉면이라는 이름으로 팔렸을 것인데, 이빨로 끊어지지 않는 냉면, 가위로 잘라야 하는 냉면, 재채기하다 콧구멍으로 들어가면 손으로 줄줄 뽑아내야 하는 냉면의 이미지는 이 감자 전분 국수가 만들어 낸 것이다. 지금도 서울의 많은 냉면집들은 감자 전분 대체품인 고구마 전분의 면으로 냉면을 말아 낸다.

서울에서 함흥냉면은 오장동의 것을 원조로 여긴다. 20여 년 전에 돌아가신, 흥남 출신의 한 실향민이 1953년에 개업한 함흥냉면집이 유명해지면서 그 곁에 여러 함흥냉면집이 생겼다. 물냉면도 있지만, 대부분 비빔냉면을 먹으며, 또 비빔냉면이라야 함흥냉면이라고 여긴다. 회냉면에는 비빔냉면 위에 회무침이 오른다. 면은 질

기고 양념은 맵다. 구수한 메밀 향에 고깃국물의
감칠맛이 더해져 있는 평양냉면에 비하면, 억세고
거칠고 강하다. 함경도 아바이가 이럴 것인가. 개마
고원이 이럴 것인가.

　이 글을 쓰면서 북녘의 생소한 지명을 익히느라 지도
를 내내 보았다. 함흥, 원산, 청진 정도는 익숙하고 삼수
와 갑산은 반가웠다. 혜진, 길주, 단천, 신포, 부전, 보천 등
등은 도저히 나의 인문 안에 넣을 수가 없었다. 낯선 지도 위
에 아무 느낌이 없는 단어들만 놓여 있을 뿐이었다. 오장동의 그
오랜 가게에 앉아 질기고 매운 함흥냉면 그릇에 코를 아무리 박고
있어도, 농마국수를 먹었던 그 옛날의 함경도 아바이들의 냄새는
나지 않았다. 감자 대신 고구마 전분을 쓰기 때문은 물론 아니다.
서울이라는 이 넓고 복잡한 공간에 함경도 그깟 것의 냉면이 무슨
의미나 있을까 싶은 것이다. 북녘 지도 위의 그 낯선 지명처럼.

이북의 개마고원에는 감자 전분 국수가 있을까?
이 이남의 고구마 전분 국수와는 어떻게 다를까?
통일이 되면 개마고원 사람들은 이 고구마 전분 국수를 보고
"가짜"라 할까, 어떨까?

13

동대문 닭 한 마리

원조라고 하는 닭한마리 식당 측의 말에 의하면 닭한마리 작명은
의도된 것이 아니었다. 이 식당에서는 닭백숙을 전문으로 내었다.
그 당시에는 인근에 동대문 고속버스터미널이 있었다. 손님 중에
차 시간을 맞추어야 하는 사람들도 많았다. 닭백숙은, 지금도 그렇지만,
주방에서 미리 익혀 놓은 것을 양푼에 담아내 즉시 먹을 수가 있다.
시간 없는 손님들은 식당 문을 열고 들어서면서 주문을 내었다.
"여기, 닭 한 마리" 하고. 닭백숙인데 두 마리, 세 마리가 아니라
한 마리를 달라는 뜻으로 손님이 "닭 한 마리" 하고 주문하였고
그게 음식 이름이 된 것이라 하였다.

시장 사람들의 저렴한 보양

한국인이 먹는 육류 중에 닭고기가 제일 싸다. 사료비가 적게 들어 그런 것이다. 사료 투여량에 대비한 증체량에서 소, 돼지와 비교하여 월등히 효율이 높은 것이다. 고기로 먹는 닭을 육계라 하는데, 이 육계를 식당에서 먹는 닭의 크기까지 키우는 데 30여 일이면 된다. 채소보다 더 빨리 자란다고 할 수 있을 것이다.

이 싼 닭고기를 한국인은 그렇게 저급한 음식으로 여기지 않는다. 쇠고기와 비교하기는 그렇지만, 적어도 돼지고기와는 다른 그 무엇이 있다고 여긴다. 보양음식이라는 지위에 닭고기가 턱하니 버티고 있는 것이다. 조각난 프라이드 치킨은 서구에서 온 음식이라는 관념이 있어 이 보양의 지위에 올라가지 못하고 있지만, 통닭, 백숙, 삼계탕, 닭볶음탕(닭도리탕) 등등, 이를 먹으면 어쩐지 몸에 좋을 듯한 느낌을 받는 것은 한국인이면 다 같이 공유하는 정서일 것이다.

사위나 와야 잡을 수 있었던 닭

오랜 옛날부터 한반도에서 닭을 키웠지만 양껏 먹을 수는 없었다. 한반도의 토종닭은 지금의 육계처럼 빨리 자라는 것도 아니고 산란을 많이 하는 것도 아니었기 때문이다. 그래서 일제는 토종닭을 도태시키고 외래의 종자를 이식하였다. 그렇다고 일제강점기부터 닭고기를 충분히 먹을 수 있었던 것은 아니다. 대규모 양계 농가가 없었기 때문이다. 농가에서 가용으로 또 부업으로 몇 마리씩 키우는 것이 대부분이었다. 해방 이후 한국전쟁을 거치면서 그나마 농가에 조금씩 있던 닭들의 씨가 마르게 되는데, 전쟁통에 눈에 보이는 대로 잡아먹었기 때문이다. 전쟁 후 미국이 원조품으로 40만 마리에 달하는 닭을 들여와 농가에 공급했다는 기록을 보면 그 당시 피폐상을 짐작할 수 있다. 전후 복구기인 1960년대에도 닭은 흔하지 않았다. 사위나 와야 씨암탉 잡아 주던 시기였다. 한국인이 닭고기를 보양음식으로 여기고 있는 것은 그 가난한 시절의 '추억'이 아직도 강렬하게 뇌리에 남아 작동하고 있기 때문일 것이다.

1970년대 들어 닭고기 수급 사정은 확연하게 달라진다. 나무와 철사망으로 서너 층 높이의 케이지를 길게 지어 닭을 치는 농가들이 부쩍 늘었기 때문이다. 사육 마릿수만 보아도 1960년대 1000만 마리 정도였던 것이 1970년대 초에 2000만 마리를 넘긴다. 예전 전국 어디든 재래시장 골목 입구에 있던 닭집들은 이즈음에 생긴 것이다. 1970년대 중반에는 닭을 너무 많이 키워 닭고깃값 폭락 파동까지 겪게 된다.

닭이 이리 넘쳐나도 닭이 보양음식이라는 오랜 관념은 사라질 기미가 보이지 않았다. 아니, 오히려 이즈음에 닭고기가 보양음식이라는 관념이 더 강화되었다. 외식업체 때문이다. 통닭집은 '영양센터'라 간판을 붙였고, 닭백숙에 인삼 뿌리 하나 달랑 넣고 삼계탕이라 팔았다. 여름날에 복달임으로 먹던 개장국이 삼계탕과 닭백숙, 통닭 등에 밀려났다. 한국인의 보양음식으로 닭이 우뚝 선 것이다.

동대문 닭한마리는 한국인의 보양음식 신화를 극적으로 보여주는 음식이라 할 수 있다. 닭한마리라는 그 이름에서부터 뭔가 '필'이 오지 않는가. 통째 그대로의 닭을 먹으니 기운이 팍팍 날 것 같은.

양푼에 담긴 코스식 만찬

동대문 근처는 큰 시장이다. 조선시대부터 시장이 섰으며, 1905년에 공식적인 상설시장이 되었다. 현재는, 종합시장일 뿐만 아니라 한국에서 제일 큰 의류시장이기도 하다. 닭한마리 식당들은 이 시장의 골목 안에 있다. 좁은 골목에 규모 있는 식당만 서넛 된다. 닭한마리라는 단어를 처음 썼다는 식당은 1978년에 개업하였다고 한다. 닭한마리의 원래 이름은 닭백숙이다. 그러나 동대문시장에서 닭백숙을 처음 내었던 식당을 찾는 것은 별 의미가 없을 것이다. 조선시대부터 있었던 시장이고 그 조선에서도 닭백숙을 내었던 주막이 있었을 수 있다.

원조라고 하는 닭한마리 식당 측의 말에 의하면 닭한마리 작명은 의도된 것이 아니었다. 이 식당에서는 닭백숙을 전문으로 내었다. 그 당시에는 인근에 동대문 고속버스터미널이 있었다. 손님 중에 차 시간을 맞추어야 하는 사람들도 많았다. 닭백숙은, 지금도 그렇지만, 주방에서 미리 익혀 놓은 것을 양푼에 담아내 즉시 먹을 수가 있다. 시간 없는 손님들은 식당 문을 열고 들어서면서 주문을 내었다. "여기, 닭 한 마리" 하고. 닭백숙인데 두 마리, 세 마리가 아니라 한 마리를 달라는 뜻으로 손님이 "닭 한 마리" 하고 주문하였고 그게 음식 이름이 된 것이라 하였다.

1973년 동대문시장 사진이다.
상가건물 앞에 버스터미널이 보인다.
이른바 '터미널 상가'이다. 닭한마리는 이 터미널을 이용해
지방을 오가던 상인들의 음식에서 비롯하였다.

단지 손님이 그리 불렀기 때문에 닭한마리가 음식 이름으로 굳어졌다고는 할 수 없다. 기존의 닭백숙이라는 이름과 경합하는 과정을 거쳤을 것이기 때문이다. 주인이든 손님이든 닭한마리라는 이름에서 뭔가 독특한 매력을 발견하는 단계가 있었다는 것이다. 닭백숙 이상의 무엇이 이 닭한마리에 있었다는 뜻도 된다.

닭한마리는 커다란 양푼에 닭이 통째로 담겨 나온다. 다 익힌 것이지만 가스불 위에 올려 또다시 끓인다. 깔리는 찬은 김치, 양푼에 넣을 가래떡이 전부이다. 가위와 집게를 놓고 가는데, 손님이 직접 닭을 해체하여야 한다. 고기가 데워지면 이를 발라서 고춧가루, 간장, 식초, 겨자 등으로 버무린 양념에 찍어 먹는다. 가래떡도 여기에 찍어 먹는다. 국물이 느끼하다 싶으면 김치를 더하면 된다. 고기 다 먹고 나면 그 국물에 칼국수를 끓여 먹는다. 이게 모자라면 밥을 넣어 죽을 끓인다. 닭한마리를 먹을 때 보통은 술을 한잔하는데, 고기는 안주, 칼국수와 죽은 끼니가 된다. 이 가격에 이만큼 만족감을 주는 음식이 또 어디에 있겠는가. 닭백숙이라는 이름은 닭을 삶았다는 것뿐이지 이 '코스식 만찬'의 이름으로는 부족해 보인다. 닭 한 마리로 최대의 만족을 줄 수 있다는 이름으로 손님이 무심코 던지는 "여기, 닭 한 마리"에 주인이든 손님이든 필이 꽂힌 것은 당연한 일일 수 있다.

그런데 이 닭한마리를 상 위에 놓고 보면, 특히 그 상에 서너 명이 앉았다면, 그 고기의 양은 참 볼품없다. 먹성 좋은 사람은 그 닭한 마리를 다 뜯어야 만족할 것이다. 닭한마리는 이 빈약한 상차림을 그럴 듯하게 포장해 줄 수 있는 음식 이름으로도 훌륭해 보인다. 닭의 일부가 아니라 통째 한 마리 다 먹는다는 위안의 허영이 이 이름 안에 담겨 있는 것이다. 여기에 닭이 몸에 좋다는 보양의 신화까지 덧씌워져 있으니 그 만족도는 극에 달하게 되는 것이다.

직접 요리한다는 즐거움

동대문 닭한마리는 동대문시장 상인들의 음식으로 시작한 것이었다. 서울의 서민에게 보양의 위안을 제공하면서 싸게 배불리 먹을 수 있는 음식으로 그 명성이 크게 일어, 이제 닭한마리라는 이름은 전국에 번져 있다. 동대문시장에 쇼핑을 온 일본 관광객들에게도 소문이 나 닭한마리 식당의 손님 절반은 일본인이다. 2011년에는 《미슐랭 가이드》 한국판에 닭한마리 가게가 실려 화제가 되기도 하였다. 음식점에 별점을 주는 '레드 가이드'가 아니라, 한국의 여러 관광지를 소개하는 '그린 가이드'에 실린 것일 뿐이지만, 그덕에 동대문 닭한마리는 또 한 번 유명해졌다.

닭한마리 식당에서는 이제 "여기, 닭 한 마리" 하고 주문하지 않

(위) 닭한마리 다 먹고 난 다음의 상. 이 상에서 오히려 포만감을 느낀다.
(아래) 동대문시장에는 쇼핑 오는 일본인 관광객이 많은데, 이들이
닭한마리의 주요 고객이다. 닭한마리는 일본 매스컴에 자주 소개되는 '한류음식'이다.

아도 된다. 단일 메뉴이니 앉으면 상은 저절로 차려진다. 상에 놓인 음식을 보면 참으로 빈약하여 괜히 무안하기까지 하다. 그러나 양푼에 김이 오르고 가위 들고 고기 자르고 양념을 식성대로 비비고 하다 보면, 그러니까 손님이 음식을 조리하느라 분주해지면 그 무안함은 어느 결에 사라진다. 여기에 술 한잔 마시고 칼국수를 또 직접 끓이면서 상 위에는 즐거움이 가득해진다. 주는 대로 받아먹는 것과는 다른 즐거움이 있는 것이다. 닭한마리 다 먹고 일어설 때면 국물과 양념 덕지덕지 묻은 빈 그릇들이 상 위에 가득함을 보게 된다. 닭 한 마리로 든든하게 보양을 한 것이다. 서울의 서민에게 이런 음식이라도 있어 팍팍한 삶을 잠시 잊을 수 있는 것이다.

14

신길동 홍어

광화문 네거리에서 정동고개로 올라가는 왼쪽 골목에 있는 허름한 식당이었다.
간판도 없었다. 퇴퇴칙칙한 실내에는 삭힌 홍어 냄새가 가득하였다. 홍어회는
한 접시에 20점 정도가 나왔다. 고춧가루가 듬성듬성 박힌 천일염이 곁들여졌다.
입천장이 확 벗겨질 정도로 심하게 삭힌 것이었다. 홍어회 한 점에 소주 한 잔
마시며 나는 선배의 전라도 이야기를 들었다. 전라도의 고통과 정서를 그렇게
눈물 핑 도는 삭힌 홍어와 함께 먹었다. 그때부터 홍어를 먹을 때면 나는
전라도라고 여긴다. 나도 홍어이다.

날것의 전라도

홍어는 전라도이다. 홍어는 전라도음식을 대표하는 일을 넘어, 전라도 사람을 상징하기까지 한다. 전라도 사람을 비꼬기 위해 홍어를 들먹이는 사람들이 있는데, 그건 그러라고 하면 된다. 그건 그들의 도덕적 수준 문제이지 전라도 사람의 식성 문제가 아니다. '전라도 홍어' 소리에 기분 상한다고 '경상도 과메기'니 '경상도 돔배기'니 하는 말은 하지 마시라. 똑같은 놈이 될 뿐이다.

나는 경상도 마산(지금은 창원통합시가 되었다)에서 나고 자랐다. 마산에도 홍어가 있었고, 꾸덕하게 말린 것을 굽거나 쪄서 먹었다. 잔칫날에는 싱싱한 홍어를 무침을 해서 내놓는 집도 있었다. 그때에도 전라도 홍어에 대한 말들이 돌았다. 홍어구이, 홍어찜, 홍어무침을 먹으며 이런 말을 하였다. "전라도에서는 홍어를 두엄에 넣어 삭혀 먹는다며? 그걸 어떻게 먹냐?"

내가 전라도식 삭힌 홍어회를 처음 먹은 것은 1980년대 말이었다. 광화문 근처에서 밥벌이를 할 때이다. 직장 선배 중에 광주 출신이 있었다. 그는 이 세상이 자신에게 맞지 않다고 여겨 보통의 삶에 별 흥미가 없었다. 늘 술을 입에 달고 있었다. 내 세상도 그의 것과 비슷하였고, 그래서 그 선배와 술자리를 함께 하는 날이 많았다. 그때에 선배가 나를 데리고 가던 홍엇집이 있었다. 광화문 네거리에서 정동고개로 올라가는 왼쪽 골목에 있는 허름한 식당이었다. 간판도 없었다. 꾀죄죄한 실내에는 삭힌 홍어 냄새가 가득하였다. 홍어회는 한 접시에 20점 정도가 나왔다. 고춧가루가 듬성듬성 박힌 천일염이 곁들여졌다. 입천장이 확 벗겨질 정도로 심하게 삭힌 것이었다. 홍어회 한 점에 소주 한 잔 마시며 나는 선배의 전라도 이야기를 들었다. 전라도의 고통과 정서를 그렇게 눈물 핑 도는 삭힌 홍어와 함께 먹었다. 그때부터 홍어를 먹을 때면 나는 전라도라고 여긴다. 나도 홍어이다.

경상도나 전라도나 똑같다

홍어는 한때 한반도에서 조기만큼 중요한 생선이었다. 한반도의 지역 산물을 정리해 놓은 조선의 문헌에도, 일제가 식민경영을 위해 한반도 해역의 산물을 정리해 놓은 《수산지》에도 홍어는 주요 어종으로 등장한다. 홍어는 전라도 지역의 바다에서만 잡히는 것이 아니다. 늦가을에서 봄까지 황해 전역에서 잡힌다. 2010년대 홍어의 최대 산지는 인천 앞바다인데, 옛날부터 늘 그랬다. 주요 산지가 황해이니 황해도와 서울, 경기, 충남, 전북, 전남 지역의 사람들이 흔히 먹었다. 그 모든 지역에서 홍어를 삭혀 먹었을 것이라 생각하면 잘못이다. 홍어는 자연히 삭기도 하지만, 한반도에서의 홍어 어획 시기를 보면 삭힌 홍어를 먹는 일은 없었다. 홍어는 겨울과 이른 봄 사이에 주로 잡았으며, 따라서 이때의 날씨에는 바깥에 두어도 쉽게 삭지 않아 냄새가 나지 않는 홍어를 먹었다.

전라도에서 삭힌 홍어를 먹게 된 것은 날씨 때문이다. 전라도, 특히 전라남도 해안 지방은 겨울에도 풀이 자랄 만큼 따뜻하다. 이른 봄에 잡은 홍어이면 바깥에 두어도 쉬 삭을 것이다. 홍어가 삭는 것은 홍어의 표피에 있는 요소 때문인데, 적당한 온도에 이르면 암모니아 발효가 일어난다. 이 암모니아 발효를 두고 삭는다고 하는 것이다. 암모니아 발효는 맛을 변화시키는 것 외에 보존 역할도 한다. 암모니아가 잡균의 증식을 막아 썩지 않게 하는 것이다. 이 사실을 발견한 전라도 사람들은 홍어를 오래 보관하기 위해 인위적으로 암모니아 발효를 촉진하는 방법을 강구하였을 것이다. 삭힌 홍어는 자연에 적응하여 먹을거리를 오래 보관하는 방법에서 나온 음식인 것이다.

경상도에도 전라도의 홍어처럼 삭히는 생선이 있다. 돔배기이다. 포항시, 영덕군, 청송군, 안동시, 영천시, 의성군, 군위군, 영주시, 봉화군, 예천군, 경주시, 대구광역시 등지에서 먹는다. 제사음식으로도 오른다. 돔배기는 상어 고기인데, 상어도 피부로 요소를 배출하고 자연 상태로 두면 암모니아 발효가 일어난다. 그 찌르는 듯한 화장실 냄새는 홍어나 돔배기나 똑같다. 경상도에서 돔배기를 먹는 것은 그 동남해안의 바다에 상어가 많이 잡히고 그 상어를 내륙으로 가져오는 동안 자연 발효를 하여 이를 먹어 버릇하였기 때문이다. 그러니, 홍어니 뭐니 하며 음식으로 지역감정을 건드리고 편을 가르는 것은 무지한 인간이나 하는 일이다.

조작되는 남도음식 신화 속의 홍어

조선시대 한양 사람들은 홍어를 많이 먹었다. 앞에서도 말했듯이 인천 앞바다에서 홍어가 많이 잡혔기 때문이다. 홍어 어장의 사정은 요즘도 비슷한데, 대청도 근해가 홍어 주산지이다. 현재 전라도에서 유통되는 상당량의 홍어는 인천 앞바다에서 난 것들이다.

옛날 인천 앞바다에서 잡힌 홍어는 마포까지 배로 운송을 한 후에 이를 다시 수레나 등짐으로 종로의 시전까지 날랐을 것이다. 한양 사람들은 이 홍어를 먹었는데, 겨울에서 이른 봄 사이에는 싱싱한 (삭히지 않은 것이라 싱싱하다 하였을 뿐이다) 홍어를, 그 외 계절에는 바싹 말린 홍어를 먹었을 것이다. 겨울에 홍어를 바깥에 걸어 두면 얼었다 녹았다 하며 마르는데, 이를 물에 불려 찌거나 구워 먹었을 것이다. 내륙 지방의 재래시장에 가면 이렇게 말린 홍어를 지금도 심심치 않게 볼 수 있다.

서울에서 전라도식의 삭힌 홍어를 먹기 시작한 것은 일제강점기였을 것으로 추측할 수 있다. 조선이 망하자 한양의 성곽은 무너졌고 전국에서 사람들이 모여들었다. 전라도에서 온 사람들이 서울의 시장에서 그 흔한 홍어를 사다 고향에서 먹었던 것처럼 삭혀서 먹었을 것이라는 추측은 쉽게 할 수 있다. 그러나 이를 식당에서 내놓고 파는 일은 금방 이루어지지 않았다. 전라남도 해안의 따뜻한 지방에서 살던 사람들이 먹는 '특별난 음식'이 서울에서 일정한 수요를 창출하기까지는 꽤 오랜 시간이 필요하였을 것이다. 그래도 뒷골목의 선술집에서는 삭힌 홍어회를 내는 집이 있었다. 1980년대 말 내가 처음 홍어회를 먹었던 광화문 네거리 뒷골목 그 홍엇집도 그때에 벌써 꽤 오랜 역사를 지니고 있었다.

전라도는 한국 산업화의 '혜택'을 받지 못한 지역이다. 정치적인 배제도 작용하였을 것이나, 평야가 넓은 농업 지역이라는 것이 특히 크게 영향을 끼쳤다. 1960~70년대 대한민국 전체가 산업화의 길로 질주할 때 전라도는 그 산업화를 뒷받침하는 값싼 식량과 인력을 공급하는 기지로 눌러앉았다. 산업사회에 편입되지 못한 것에 대한 보상이었을까. 그즈음 전라도에 '전통문화가 살아 있는 지역'이라는 위무의 수식어가 붙었고, 전라도 지역의 전통문화를 남도문화라는 이름으로 널리 소개하였다. 남도민요, 남도소리, 남도굿, 남도놀이 등의 말이 그때에 만들어졌다. 1980년대에 들자 남도음식이라는 말도 생겼다. 전라도음식이 한반도에서 가장 예스럽고 전통적인 듯이 남도음식이라는 이름으로 포장되었다.

호사가들은 남도음식의 특징으로 발효음식을 꼽았고, 그 발효음식 중에 삭힌 홍어가 절정의 발효음식인 듯이 말하였다. 한국음식을 알려면 남도음식을 알아야 하고, 그 마지막에는 삭힌 홍어 맛을 알아야 하는 듯이 떠들었다. 일찌감치 서울의 여기저기 뒷골목에 포진하여 삭힌 홍어를 내는 식당들이 미식가입네 하는 사람들의 입에 오르내리기 시작하였다. 삼합이라는 말도 돌았다. 처음에는 삭힌 홍어, 신 김치, 막걸리 이 셋을 함께 먹는 것을 삼합이라 하였다가 홍어, 김치, 돼지고기 이 셋을 함께 내는 것이 삼합으로 굳어졌다. 홍어회 달랑 내는 것보다 삼합으로 내면 '요리'처럼 보인다. 한정식집에서 이 삼합을 고정 메뉴로 올리기 시작한 것은 1990년대의 일이다.

남도음식, 삼합이라는 이름과 함께 삭힌 홍어는 고급한 음식이 되었다. 1990년대 들어 황해의 홍어 어획량이 급격히 줄면서 고급에 귀하게까지 되었다. 1980년대부터 남미의 바다에서 홍어를 잡아 수입하던 수산업체들이 1990년대 들어 홍어 수입을 본격화하였다. 그러면서 홍어는 두 종류의 음식으로 갈리었다. 비싸고 고급한 국내산 홍어와 싸고 서민적인 수입 홍어. 서울의 홍어가 그렇다.

날것의 전라도

영등포구 신길동에는 몇 개의 홍엇집이 몰려 있는 골목이 있다. 1990년대 초에 한두 집 있던 것이 크게 번진 것이다. 가게들은 허름하고 음식 가격은 무척 싸다. 수입 홍어이기 때문이다. 전라도 특정 지역의 홍어임을 내세우면서 파는 고급 홍엇집에 비해 절반의 절반 가격이다. 남도음식이니 삼합이니 한국 발효음식의 절정이니 하는 말이 돌기 전, 그러니까 홍어에 대해 '엉뚱한' 의미를 부여하지 않고 그냥 먹었던 그때의 그 홍어가 이 신길동 서민의 골목에 진을 치고 있는 것이다. 포장되고 위무되는 전라도가 아닌, 날것의 전라도가 이 신길동 골목에 있다.

신길동 홍엇집들은 옛날의 허름한 막걸릿집 분위기를 하고 있다. 홍어도 싸다.

15

홍대 앞 일본음식

1990년대 이후 서울의 일본음식은 두 종류로 분류될 수 있다. 일제강점기에
들어와 웬만큼 한국화한 일본음식과, 최근에 일본에서 직수입한 일본음식.
한국화한 일본음식은 가난한 한반도에서 버티느라 싸구려에 촌스럽게 변하였으며,
직수입한 일본음식은 세계 으뜸의 경제대국을 이룬 국가에 걸맞게 비싸고
샤방샤방하다. 비교하자면, 남대문시장의 냄비우동과 강남 프랜차이즈 일식집의
사누키우동, 피맛길 참새집 꼬치와 홍대 앞 일본 유학생 출신 요리사의 꼬치,
성북동 기사식당 돈가스와 일본에 로열티를 지급하는 돈가스 같은.

반일과 친일 사이의 입맛

홍대 앞의 어느 일식집에서 일본인 출판기획
자와 마주앉아 일본 술을 마시다가 이런 질문을 하였다. "한국의
언론은 일본에서 삼겹살, 비빔밥, 막걸리가 잘 팔리는 것을 두고 '한
류 열풍'이라고 보도하고 있다. 여기 홍대 앞을 보면 알겠지만 온통
일본음식점이다. 이를 두고 일본 언론이 일본인들에게 '일류 열풍'
이라는 보도를 한 적이 있는가?" 그는 곰곰 생각하더니, 그런 보도
를 본 적이 없다 하였다. 만약에 일본에서 '한국에 일류 열풍이 분
다'고 대대적으로 보도를 하면 한국에서는 과연 어떤 반응이 일어
날까. 독자들이 알아서 판단하기 바란다.

2012년 2월 어느 날이었다. 한 방송사에서 삼일절 기획 방송이
라며 일제강점기에 있었던 한국음식의 변화에 대해 인터뷰를 하자
고 요청하였다. 참 의미 있는 프로그램일 것인데, 나는 정중히 거절

하였다. 음식문화를 이루는 근간은 농수축산업이고, 한국 농수축산업의 기본 골격이 일제에 의해 마련되었다는 점을 먼저 솔직하게 밝히는 것이 그 방송의 순서일 것인데, 방송의 특성상 그 긴 이야기의 핵심만 추려 내보낼 것이 분명하여 자칫하면 내가 식민지 근대화론자 또는 친일분자로 낙인찍힐 수도 있다고 느꼈기 때문이다. 한국에서 반민족 또는 친일로 몰리면 글쟁이로서 먹고살기 힘들어질 것이 빤한데, 방송 하나 때문에 목숨 걸 일은 없는 것이다.

서울의 일본음식에 대해 쓰는 글인데, 그 앞에 세설이 긴 까닭은 한국의 쇼비니즘이 두렵기 때문이다. 한국의 쇼비니즘은 일부 특정한 집단의 문제가 아니다. 온 국민이 일시에 쇼비니즘의 광풍에 휩싸이는 것을 종종 목격하는데, 특히 일본과 관련되는 것이면 그 맹목성 앞에 모든 반대 논리는 무릎을 꿇어야 한다. 꿇지 않으면 사회적 매장이 보복으로 따른다.

기무치라 발음하지 말라는 억지

기왕 이렇게 된 것, 세설을 확장하자. 2010년 〈식객2 김치전쟁〉이라는 영화가 개봉되었다. 허영만의 만화《식객》의 이름만 따온 것으로, 원작만화와는 전혀 다른 이야기를 담고 있는 영화였다. 이 영화의 제작진은 개봉 즈음에 맞추어 일본《산케이신문》에 전면 광고를 냈다. 광고 헤드카피는 "KIM-CHI"였다. '기무치'라고 발음하는 일본인들에게 '김-치'라고 바른 이름을 가르치겠다는 것이었다. 한국의 언론과 국민들은 이 광고에 환호하였다. 한국의 김치를 가져가 너희 마음대로 조리법 바꾸고 이름도 바꾸어 부르지 말라는 것이었다. 그러나 일본인은 저 영문의 'KIM-CHI'도 기무치라고 읽을 수밖에 없다. 받침 있는 글자를 일본인들은 잘 읽지 못한다. 그네들 입장에서는 기무치라고 왜곡하고 싶어서라기보다는 그렇게 소리가 날 뿐이니 그리 부르는 것이다. 무서운 것은, 이 사실을 한국인도 잘 알면서 'KIM-CHI' 광고에 환호하였다는 것이다. 이 광고에 딴지를 거는 일이 반민족적이고 친일로 분류될 수 있다는 대한민국의 이 분위기는, 정말 무서운 일이다. 참고로, 'KIM-CHI' 광고가 나오기 2년 전 딱 그맘때 이명박 정권이 출범하였는데, 당시 대통령직 인수위원장인 이경숙 교수가 Orange는 오렌지가 아니라 어륀지라고 표기해야 한다고 말하여 난리가 난 적이 있다. 오렌지가 한국적 발음이니 한국인이면 그리 말하면 될 일이며 미국인처럼 어륀지라고 할 필요가 있느냐 하는 것이었다. 자기 민족의 토착화한 발음(오렌지)은 괜찮고 타민족의 토착화 발음(기무치)은 안된다 하는 이 이중성 앞에서는 인간의 정상적인 사고가 작동하기 어렵다 할 것이다.

2013년 현재 서울음식은 일류가 대세이다. 젊은이들이 모이는 압구정동, 가로수길, 홍대 앞, 건대 앞 등에는 일본에서 맛볼 수 있는 거의 모든 음식이 있다. 서울의 백화점 음식매장은 더 심하다. 일본 백화점 음식매장과 디자인 콘셉트까지 똑같다. 백화점의 로고만 떼면 여기가 일본인지 한국인지 구별할 수가 없다. 이 일류의 범람에 한국의 쇼비니즘은 발동되지 않는다. 참 묘한 일인데, 이게 또 한국이다.

일제의 음식을 그리워하다

서울이 조선의 한성이었을 때 사대문 안에 20만 명 정도가 살았다. 일제강점기에 들면서 성곽이 헐리고 경성은 확장되었다. 1945년 해방 무렵의 인구는 100만 명 정도 되었다. 일제강점기 동안에 경성에는 많은 일본인이 살았다. 1920년대에서 해방 무렵까지 평균 15만 명 정도 산 것으로 기록되어 있다. 이는 경성에 주거지를 둔 인구인데, 여러 일로 일시적으로 머문 일본인까지 포함하면 당시 경성에는 그보다 훨씬 많은 일본인이 있었을 것이다.

일제는 애초 총독부를 남산 중턱에 두었다. 따라서 그 아래의 지역에 일본인 거주지가 섰다. 지금의 을지로, 명동, 충무로, 장충동

홍대 앞은 한글 간판만 아니면
일본의 어느 거리라 하여도 될 만큼 일본음식점이 많다.
이 사진을 일본에서 찍은 것이라 하여도 속을 것이다.

일대이다. 용산은 그 이전에 일찌감치 일본인이 진을 쳤다. 이름도 그들식으로 바꾸었는데, 진고개의 혼마치, 고가네초가 중심상권이 되었다. 유곽도 섰다. 1930년대에는 조지야, 미쓰코시, 미나카이, 히라다 등 백화점이 문을 열었다. 밤이면 불야성을 이루었다. 작은 일본이었다.

일본인이 집단으로 살았으니 일본음식도 넘쳤다. 혼마치에는 골목골목 고급 요정에서 대중음식점, 선술집 등이 다양하게 들어섰다. 그러나 이는 해방과 더불어 사라졌다. 15만 명의 일본인이 자리를 떠으니 적산 가게를 한국인이 일부 인수하였다 하여도 그 음식을 이어 갈 수가 없었다. 또, 곧 이어진 한국전쟁은 이 가게들마저 파괴하였다. 일제강점기 일본음식의 흔적은 말로만 남았다. 1971년《경향신문》의 기사이다.

요즘 명동엔 밀가루음식을 파는 분식점들이 늘어나고 있지만 호떡집이나 분식센터를 빼고도 한식, 일식, 중국식, 양식집 등 70여 개소가 자리 잡고 있다. 일정 때 명동 거리에 음식점이 제한돼 있어 어느 집에 가면 무슨 요리가 좋다는 식으로 손꼽았고 식당에서 음식을 사 먹는 것을 자랑으로 여기던 때와는 격세지감이 있는 셈. 30년 전만 해도 명동에서 손꼽히는 것은 대부분 일본인 소유의 식당. 명동에 양식집 간판을 내건 것이 청목당. 7월 복더위에는 '에도가와'의

뱀장어구이를 즐겨 사 먹었고 '이보쭈'라는 일본식당의 오뎅도 장안
명물이었다나.

기자는 일제강점기의 일본음식을 그리워하고 있다. 그 당시 인터
넷이 없어 이 기자가 살아남았다고 나는 판단한다. 요즘 같았으면
인터넷에서 난리가 났을 것이다.

모든 일본음식이 일본인과 함께 고국으로 돌아간 것은 아니었
다. 일부는 이 땅에 남아 토착화를 시도하였다. 한반도에서 살아남
아야 하는 조건은 이름을 바꾸는 것이었다. 해방된 땅이니 식민지
배의 흔적을 지워야 할 것이었다. 우동은 가락국수, 덴푸라는 튀김,
소바는 메밀국수, 사시미는 생선회, 오뎅은 꼬치, 야키메시는 볶음
밥, 다쿠앙은 단무지, 돈부리는 덮밥, 스시는 초밥, 돈가스는 제육튀
김, 스키야키는 왜전골 등등으로 '창씨개명'을 시도하여 일부는 바
꾸었고 또 일부는 그 이름 그대로 현재도 쓰고 있다.

낡은 일본과 새로운 일본

1970년대 강남 개발로 서울 졸부들이 탄생하였다. 1980년대에
들자 이 졸부들에 의해 고급 일식 붐이 일었다. 초호화판 인테리어

를 한 강남의 일식집에서 '사시미 코스'를 내놓았다. 요리사를 일본에서 초빙하기도 하였다. 음식 가격은 매우 비쌌고, 따라서 졸부 남자 어른들이 주요 고객이었다. 1989년 해외여행 자유화가 이루어졌다. 강남 졸부의 아이들이 앞다투어 외국으로 놀러 나갔다. 아직 멀리는 가지 못하고 일본을 들락거렸다. 1992년 '서태지와 아이들'이 등장하였는데, 그 세 젊은이의 패션이 도쿄 한복판의 그것과 똑같다는 것을 일본을 들락거리던 강남의 아이들이 알았고, 자신들의 세 동지에게 환호하며 일본의 유행을 따라하기 시작하였다. 그해에 압구정동의 한 식당에는 쇼군을 그린 일본 민속화 간판이 올라갔다. 현대화한 도쿄식 이자카야가 등장한 것이다.

1990년대 이후 서울의 일본음식은 두 종류로 분류될 수 있다. 일제강점기에 들어와 웬만큼 한국화한 일본음식과, 최근래에 일본에서 직수입한 일본음식. 한국화한 일본음식은 가난한 한반도에서 버티느라 싸구려에 촌스럽게 변하였으며, 직수입한 일본음식은 세계 으뜸의 경제대국을 이룬 국가에 걸맞게 비싸고 샤방샤방하다. 비교하자면, 남대문시장의 냄비우동과 강남 프랜차이즈 일식집의 사누키우동, 피맛길 참새집 꼬치와 홍대 앞 일본 유학생 출신 요리사의 꼬치, 성북동 기사식당 돈가스와 일본에 로열티를 지급하는 돈가스 같은.

최신의 일본음식은 거칠 것 없이 젊은이의 거리를 파고들고 있다. 일제강점기의 혼마치가 재현되는 것은 아닐까 싶을 정도이다. 그들에게 일제강점의 직접적 기억이 없으니 일본음식에 대한 심리적 장벽 같은 것은 없다. 가끔 정치권력이나 상업자본에 의해 조작되는 쇼비니즘에 일본을 향해 주먹으로 엿을 먹여 보지만 이는 정치의 일이고, 내 코앞의 두툼한 안심돈가스는 맛있기만 한 것이다. 구보씨는 이제 북촌 쪽으로만 걷지는 못할 것이다.

16

을지로 골뱅이

을지로 골뱅이는 여느 생맥줏집의 골뱅이무침과 다르다.
파채에 고춧가루, 다진 마늘만 들어간다. 북어채도 곁들여진다. 경우에 따라서는
골뱅이와 양념한 파채를 따로 내기도 한다. 여느 생맥줏집의 골뱅이무침은
어쩌냐 하면, 여기에 식초, 설탕, 또 어떤 곳은 고추장이 첨가된다.
을지로 골뱅이 가게에서는 식초, 설탕 등을 넣지 않아야 골뱅이 맛이 살아
그렇게 조리한다고 말한다. 그 탓에 을지로 골뱅이는 완성된 요리가 아니라는 느낌을
강하게 준다. 통조림을 따서 그대로 내놓기는 민망하니 대충 양념을 한 음식이라는
기분이 드는 것이다. 이 대충의 양념법에 을지로 골뱅이의 역사가 숨어 있다.

동해어서 인쇄 골목으로 온 까닭은

골뱅이는 동해에서 나는 물레고둥과의 고둥을 두루 이르는 말이다. '동해를 지역 기반으로 하고 있는' 횟집에서 내는 '백고둥'이 물레고둥과의 고둥이다. 쇠고둥이라고도 한다. 껍데기가 길며, 죽으면 살을 껍데기 밖으로 내미는 그 고둥이다. 살이 부드럽고 야들야들하며 단맛이 좋다. 동해 전역에서 이 고둥이 잡힌다.

골뱅이는 원래 고둥을 이르는 사투리였다. 그 종류를 가리지 않고 두루 골뱅이라 하였다. 다슬기도 골뱅이라고 부르고 달팽이도 골뱅이라고 이르는 지역이 있다. 요즘은 사정이 달라졌다. 골뱅이 통조림에 든 물레고둥과의 고둥을 골뱅이라 한정하여 말해야 한다는 사회적 관습이 만들어졌다. 통조림에 든 골뱅이를 워낙 많이 먹어 그렇게 된 것이다.

옛날에, 골뱅이는 동해에서 흔하였다. 그러나 다른 지역에서는 이를 쉽게 접할 수가 없었다. 여느 고둥류에 비해 쉬 상하기 때문이다. 일본에서도 골뱅이를 맛있는 고둥으로 여기는데, 1960년대에 이를 통조림으로 만들어 일본으로 수출하는 업체들이 생겼다. 을지로 골뱅이 골목에서 최고의 골뱅이로 여기는 '동표'의 공장 설립 연도도 1962년이다. 골뱅이 통조림업체들이 일본 수출만 한 것은 아닐 터이니, 그즈음부터 골뱅이가 통조림에 담겨 서울에 입성하였을 것이다.

1970년대 생맥주 열풍이 일었다. 젊음의 상징이 막걸리에서 생맥주로 바뀐 것이다. 생맥주의 주요 안주로 골뱅이무침이 등장하였다. 매콤새콤하게 무친 골뱅이는 주당들로부터 큰 환영을 받았다. 그렇게 골뱅이를 먹어 젖힌 탓인지 동해의 골뱅이가 씨가 말라 버렸다. 일본으로 수출하기는커녕 외국에서 수입을 해야 할 지경에까지 이르렀다. 한때 중국, 대만에서 수입을 하였는데, 요즘은 유럽에서 가져오는 것으로 알려져 있다.

1980년대에 골뱅이 유사 고둥이 나타났다. 동글동글하게 생긴 고둥인데, 황해에서 잡히는 구슬우렁이이다. 이도 골뱅이라 하여 먹었다. 술집과 포장마차에서 이 유사 골뱅이는 불티나게 팔렸고, 곧 황해의 유사 골뱅이도 씨가 말라 귀한 것이 되었다. 이 구슬우렁이는 지금도 골뱅이라는 이름을 가지고 있는데, 통조림으로 가공되는 것은 골뱅이라 하기 어려운지 '구슬골뱅이'라는 이름을 달고 있다. 구슬우렁이는 골뱅이에 비해 살이 단단하고 단맛이 적다.

구멍가게 안주에서 비롯하다

을지로는 일제강점기 때에는 황금정통이라 불리었다. 그 당시 경성의 상업 중심지였다. 금융기관이 있었고 각종 상회가 밀집하였다. 물론 일본인이 이 거리의 주인이었다. 한국전쟁을 거치면서 큰 상흔을 입었지만, 일제의 흔적이 완전히 사라진 것은 아니었다. 을지로1가의 금융기관과 호텔, 백화점, 을지로3가의 여러 영화관 그리고 4, 5가의 시장과 상가는 황금정통 시절 주요 상권의 맥을 잇고 있다 할 수 있다.

을지로3가에 인쇄업체가 몰려 있다. 인쇄업체가 이곳에 집중하게 된 것은 한국전쟁 이후의 일이다. 일제강점기에 이 일대에 영화관이 몰려 있어 영화 홍보 전단지를 인쇄하는 업체가 있었고, 또 이 인근에 조선시대부터 한지 가게들이 있어 자연스럽게 인쇄 골목으로 성장하였다고 한다. 도시 한복판의 낡은 건물에 제조업체가 몰려 있는 것을 마땅치 않게 여기는 이들에 의해 인쇄업체의 수도권 외곽 이전이 시도되었으나 여전히 을지로3가의 인쇄 골목에는 기계 돌아가는 소리가 요란하다.

을지로 골뱅이는 이 을지로 인쇄 골목을 기반으로 탄생하였다. 을지로 골뱅이의 전통을 잇고 있다는 가게들은 지하철 2호선 을지로3가역 일대에 몰려 있다. 원조임을 주장하는 한 가게는 1960년대 말에 지금 형태의 골뱅이를 처음 내었다고 말하고 있다. 주변 상인의 말을 들어 보면 그즈음에 골뱅이무침이 탄생한 것은 맞는 것으로 보인다. 단, 그때에는 아마 맥주보다는 소주나 막걸리의 안주로 팔리었을 것이다.

을지로 골뱅이는 여느 생맥줏집의 골뱅이무침과 다르다. 파채에 고춧가루, 다진 마늘만 들어간다. 북어채도 곁들여진다. 경우에 따라서는 골뱅이와 양념한 파채를 따로 내기도 한다. 여느 생맥줏집의 골뱅이무침은 어떠냐 하면, 여기에 식초, 설탕, 또 어떤 곳은 고추장이 첨가된다. 을지로 골뱅이 가게에서는 식초, 설탕 등을 넣지 않아야 골뱅이 맛이 살아 그렇게 조리한다고 말한다. 그 탓에 을지로 골뱅이는 완성된 요리가 아니라는 느낌을 강하게 준다. 통조림을 따서 그대로 내놓기는 민망하니 대충 양념을 한 음식이라는 기분이 드는 것이다. 이 대충의 양념법에 을지로 골뱅이의 역사가 숨어 있다.

을지로 골뱅이는 처음부터 식당에서 팔린 음식이 아니었다. 구멍가게의 메뉴였다. 여러 잡화를 파는 가게 한 귀퉁이에 놓여 있는

탁자에서 먹던 음식이다. 요즘은 구멍가게가 많이 사라져 이런 풍경을 보기 어려운데, 가난한 노동자들이 이런 구멍가게에서 술 한 잔하는 것은 흔한 일이었다. 탁자가 없으면 계산대 위에 술과 안주를 놓고 서서 마시고 먹었다. 식당에서 파는 술에 비해 구멍가게의 술이 한참 싸니 이랬던 것이다. 아침에 소주 한 병을 사서 반 병을 홀짝 마시고 반 병은 '키핑'하였다가 저녁에 다시 마시는 사람들도 있었다. 안주도 필요할 것이었는데, 그래서 구멍가게 계산대 옆에는 땅콩, 멸치, 오징어, 북어포 같은 마른안주가 늘 놓여 있었다. 그러다 누군가가 그 구멍가게 한 귀퉁이에 진열되어 있는 골뱅이 통조림을 발견하였을 것이고, 이것으로도 안주를 삼았던 것이다.

애초 골뱅이 통조림은 일본 수출용으로 만들어진 것이니 그 조리법은 일본인의 입맛에 맞추어졌고, 따라서 들척지근한 맛이 난다. 자극적인 맛을 좋아하는 한국인의 입에는 맞지 않다. 그래서 누군가가 구멍가게 주인에게 매콤한 양념을 부탁하였을 것이다. 처음부터 파채까지는 들어가지 않았을 것이다. 고춧가루와 마늘 정도만 넣고 이를 안주로 삼다가, 서비스로 파채도 넣고 통조림 국물이 아까우니 여기에 북어포를 더하고 하면서 지금의 을지로 골뱅이 조리법이 만들어졌을 것이다. 을지로 골뱅이가 완전하게 조리된 것으로 보이지 않게 유지되는 것은 구멍가게에서 비롯한 음식이라는 흔적을 어떤 식으로든 남기려는 의도가 개입하고 있기 때문이다.

인쇄기는 여전히 밤새 돌고

1970년대 을지로 인쇄 골목은 민주화운동에 한 역할을 하고 있었다. 당시 민주화운동의 무기로 인쇄물이 적극 활용되었기 때문이다. 그 좁은 골목의 인쇄소에서 밤새 '피'(반정부 유인물을 그리 불렀다)가 제작되어 대학가 등에 뿌려졌다. 민주화운동에 '문자'가 얼마나 중요한 역할을 할 수 있는지 대학생 등 젊은 지성들은 확인하였고, 1980년대 들면서 이 경험은 출판문화운동으로 이어졌다. 을지로에 젊은 지성들이 모여들었다.

인쇄 노동은, 지금도 그렇지만, 무척 고되다. 그 작은 활판에 눈은 침침해지고 그 무거운 종이에 등이 휜다. 인쇄 단가는 낮아 밤을 새워 일하지 않으면 밥을 벌 수가 없다. 인쇄기계는 한순간에 흉기로 변할 수가 있어 일하며 조는 일도 쉽지 않다. 그 거친 노동판에 젊은 지식노동자들이 섞이었다. 구멍가게의 그 술판에서도 섞이었다. 1983년 지하철 2호선 을지로 구간이 완성되면서 그 주변으로 오피스타운이 형성되었다. 이들 직장인도 을지로3가의 구멍가게를 넘보았다. 을지로에 새롭게 진입한 이들 '배운 젊은이'는 을지로 골뱅이에 대해 입소문을 내었고, 순식간에 서울의 명물이 되었다. 1980년대 중반, 여름이면 을지로 구멍가게 앞은 골뱅이에 맥주를 마시는 사람들로 빼곡하였다. 더 많은 손님을 받으려는 이들이 골

을지로 골뱅이는 남자의 음식이다.
이 골목에 남자들이 많기 때문이다.
골뱅이에 맥주 한 잔이면 남자들은 흉금 없이 어울린다.

뱅이 전문점을 열었다. 간판에는 '을지로 골뱅이'라 써서 붙였다.

을지로 골뱅이 전문점에는 더 이상 인쇄 노동자들이 들락거릴 수 없다. 가격이 너무 올랐기 때문이다. 술집이니 술값도 구멍가게에서 파는 것보다 비싸다. 그래도 괜찮다. 아직 골뱅이를 파는 구멍가게가 있기 때문이다. 겉은 '24시 편의점'을 하고 있지만 그 안으로 들면 탁자 두어 개가 놓여 있고, 여전히 골뱅이를 판다. 이 구멍가게에는 을지로의 가난한 노동자가 아니면 발을 들여놓지 않는다. '을지로의 외지인'은 원조라고 각자 주장하는 그 골뱅이 전문점으로 가서 대충 조리한 듯한 골뱅이에 맥주를 마신다. 그들은 그 대충 양념법의 근원이 구멍가게에서 비롯한 것임을 잘 알고 있고, 그래서 그 양념법을 말하며 사라져 간 그 구멍가게를 추억한다. 을지로의 그 꼬불한 골목에는 여전히 인쇄기계가 밤새 돌고, 구멍가게의 골뱅이도 여전한데.

17

왕
십
리

곱
창

곱창은 고기에 비해 싸다. 부산물이기 때문이다. 가끔 곱창의 공급이 수요를
따르지 못해 가격이 역전되는 일이 발생하기도 하지만, 그래도 곱창은 싸다.
곱창의 주요 고객은 따라서 서민이다. 고기 비싸 못 먹는 사람들이
고기 먹는 기분으로 먹는 음식인 것이다. 쇠곱창의 경우는 특히 기름이 많아
불판에서 지글지글 타면서 연기를 피워 올려 고기 굽는 기분을 한층 끌어올려 주는
'매력'이 있다. 가난하였던 서울 사람들에게 곱창은 심리적으로 큰 위로를 주는
음식이었던 것이다.

살을 못 먹는 변두리

왕십리는 지금의 행정동인 상왕십리동, 하왕십리동 지역만을 뜻하지 않는다. 청계천의 남쪽 땅인 황학동 즈음에서부터 그 청계천이 남으로 꺾어지는 지역인 마장동 일대 그리고 청계천이 합쳐지는 중랑천의 북쪽 땅인 행당동 일대를 아우른다. 왕십리는 행정적 구역이라기보다 심리적 공간이라 할 수 있는데, 대체로 서울의 동쪽 변두리라는 공간적 이미지를 가지고 있다. 이는 조선에서부터 비롯한 것이다.

"십 리를 가세요〔往十里〕." 조선 왕조를 연 이성계의 멘토 무학대사가 왕궁 자리를 찾아 나섰는데, 지금의 왕십리 자리에서 한 노인이 나타나 대사에게 이 말을 하였다 한다. 실제의 일은 아닐 것이나, 이 설화는 왕십리가 '서울의 변두리'라는 공간적 이미지를 만들어 내는 데 일조를 하고 있다. 왕십리 일대는 조선의 한성부에 속하면서도 동대문 밖에 놓였는데, 한성에 기대어 살면서 사대문 안에는 들지 못하는 조선 당시의 왕십리 사람들이 신세 한탄 비슷한 마음을 이 무학대사 설화로 남겼을 것이다.

　조선은 사대문 안에서 농사를 짓지 못하게 하였고, 성 안 사람들이 먹을 채소는 왕십리 일대에서 주로 재배되었다. 왕십리는 중랑천이 청계천과 만나 한강으로 흘러드는 지역으로, 땅이 비옥하고 물도 풍부하였기 때문이다. 조선 왕가의 김장용 채마밭도 이 일대에 있었다. 일제강점기에 경성의 권역이 크게 넓어졌으며 왕십리에 전차가 드나들었다. 그러나 그때에도 왕십리는 여전히 경성이라는 근대 도시의 변두리였다. 경성 인구가 느니 근교농업은 더 활발해졌고 경성 사람들이 쓸 여러 물자를 생산하고 보관하는 기지 노릇을 하였다. 석탄 공장, 방직 공장, 주물과 공작기계 공장 등이 있었다. 이 영세 공장은 해방 이후 지금까지도 그 맥이 이어져 오고 있는데, 이들 공장을 흔히 '마치코바'라고 부른다. 선반과 밀링머신, 프레스 등을 갖춘 마치코바는 그 허술한 설비에도 오랫동안 축적한 기술을 바탕으로 도면만 주면 어떤 물건이든 척척 만들어 낸다.

동대문 가축시장의 흔적일까

왕십리에 곱창집이 번창하게 된 것은 흔히 그 근처에 마장동 가축시장 겸 도축장이 있었기 때문이라고 말한다. 도축장이 가까우니 그 부산물을 싸게 살 수 있고, 그래서 곱창집이 번창하였다는 것이다. 마장동 가축시장과 도축장은 1963년 개장하여 1998년 문을 닫았다. 지금은 축산물 도소매 가게들만 남아 있다. 왕십리 곱창이 도축시장과 연계되어 번성한 것이라면, 그 연대는 훨씬 더 위로 잡아도 무방하다. 1922년 개장한 '동대문 외 가축시장'이 왕십리와 멀지 않기 때문이다. '동대문 외 가축시장'은 경성부 가축시장, 동대문 밖 가축시장, 동대문 가축시장, 숭인동 가축시장 등으로 불리었는데, 여기서는 동대문 가축시장이라 하겠다.

동대문 가축시장은 지금의 숭신초등학교 자리에 있었다. 동묘공원 앞이다. 소, 돼지가 거래되었고, 도축장도 운영되었다. 그 규모가 상당하여 당시 경성의 명물 볼거리 중 하나였다. 1935년 《조선일보》 기사에 의하면 그해 11월 한 달 동안 소 3,158마리, 돼지 790마리가 이 시장에서 거래되었다. 이 동대문 가축시장 바로 곁에는 청계천이 흐른다. 청계천 다리인 영도교를 건너면 왕십리의 서쪽 시작 지점인 황학동이다. 지금은 재개발이 되어 많이 사라졌지만, 이 황학동에도 곱창집이 수없이 있었다. 왕십리 곱창의 근원을 찾는

곱창의 경우는 특히 기름이 많아 불판에서 지글지글 타면서 연기를 피워 올려
고기 굽는 기분을 한층 끌어올려 주는 '매력'이 있다. 가난하였던 서울 사람들에게
곱창은 심리적으로 큰 위로를 주는 음식이었던 것이다.

다면 일제강점기의 이 동대문 가축시장에서 비롯한 것이라 하여도 될 것이다.

1937년, 일제는 동대문 가축시장 이전을 검토하였다. 경성이 근대 도시로서 점차 번성하여지니 도심 가까이에 도축장을 두는 것이 마땅하지 않다고 본 것이다. 그 이전 장소로 검토된 것이 경원선 왕십리역 근처였다. 지금의 중앙선 왕십리역인데, 지하철 왕십리역과도 겹쳐 있다. 그러나 이 계획은 실행되지 못하였다. 이후 일제는 전쟁을 치르게 되어 시장 이전 따위에 신경 쓸 수가 없었을 것이다. 동대문 가축시장은 1963년 마장동에 가축시장이 서면서 사라졌다.

한 지역에서 특정 음식이 크게 번창하는 원인을 파악할 때 재료의 수급을 따지는 버릇이 있다. 일부 맞기는 하지만, 꼭 그렇지도 않다. 왕십리의 경우, 소·돼지를 잡는 도축장이 곁에 있으니 그 내장을 쉽게 구할 수 있어 곱창이 크게 번진 것이라 설명하는 식은 단편적이라는 것이다. 근처에서 소·돼지를 많이 잡았으면 그 소·돼지의 고기를 이용한 음식도 많이 팔려야 하는데 그렇지가 않지 않은가. 오히려 그 동네 사람들의 주머니 사정이 특정 음식의 번창에 크게 영향을 미친다고 보는 것이 타당하다.

곱창은 원래 소의 작은창자만을 뜻하는데, 돼지의 그것도 흔히 곱창이라 한다. 왕십리 곱창이라 함은 대체로 돼지곱창구이를 말한다. 그러나 가게들이 쇠곱창을 안 내는 것도 아니다. 어느 특정의 곱창을 두고 왕십리 곱창이라 하지 않는 것이다. 왕십리 곱창의 조리 방법은 대체로 비슷한데, 먼저 삶아 익혀서 이를 연탄에 애벌구이를 하고 다시 양념을 더하여 굽는다. 돼지곱창은 특히 양파와 깻잎 등을 듬뿍 더하여 철판에 볶아 낸다. 돼지곱창이 냄새가 심하기 때문이다. 쇠곱창은 양념 없이 굽기도 하는데, 창자 곁에 붙어 있는 기름이 고소하여 이 맛을 즐기려면 양념이 적은 것이 낫기 때문이다.

소든 돼지이든, 곱창구이는 특히 왕십리에서 많이 먹은 음식이라 볼 수 없다. 서울에서는 어디에서나 곱창구잇집이 있었다. 1960~70년대 상황을 보면, 종로, 명동, 충무로, 무교동 등 사대문 안 뒷골목 술집에서 곱창구이는 흔히 팔렸다. 직화로 굽기도 하고 번철에 볶기도 하였다. 얼큰하게 전골로도 먹었다. 서울 남자들의 안주로 곱창은 한때 크게 번창한 음식이었다.

곱창은 고기에 비해 싸다. 부산물이기 때문이다. 가끔 곱창의 공급이 수요를 따르지 못해 가격이 역전되는 일이 발생하기도 하지만, 그래도 곱창은 싸다. 곱창의 주요 고객은 따라서 서민이다. 고기 비싸 못 먹는 사람들이 고기 먹는 기분으로 먹는 음식인 것이다. 쇠곱창의 경우는 특히 기름이 많아 불판에서 지글지글 타면서 연기를 피워 올려 고기 굽는 기분을 한층 끌어올려 주는 '매력'이 있다. 가난하였던 서울 사람들에게 곱창은 심리적으로 큰 위로를 주는 음식이었던 것이다.

1980년대 대한민국이 고도성장을 이루면서 서울에 갑자기 먹을거리들이 늘어났다. 수입이지만 고기도 충분히 먹을 수 있게 되었다. 삼겹살, 돼지갈비, 쇠갈비, 불고기, 등심 등등이 서울 남자들의 안주로 자리를 잡아 갔고, 곱창은 점점 밀려났다. 서울의 부가 집중된 사대문 안과 강남에서는 이 현상이 특히 두드러졌다. 그러면서 곱창은 별식이 되었다.

그러나 왕십리는 그 활황기에도 여전히 서울의 변두리였다. 1980년대 이후 왕십리 마치코바의 사정은 더 안 좋아졌기 때문이다. 사회와 역사 교과서에는 한국의 고도 경제성장 배경에는 1970년대 정부의 중공업 육성책이 있었기 때문이라고 설명하고 있으나 이는 어디까지나 대기업 중심의 중공업을 말하는 것이지 일제강점기부터 버티고 온 자생적 소규모 중공업과는 거리가 있는 것이었다. 소비재 시장을 점령해 나가던 대기업에 생산재 시장까지 열어 준 것이었다. 일부 대기업의 하청 물품을 주문받기는 하였지만 턱없이 낮은 제조단가에 버텨 낼 수 있는 데는 많지 않았다. 지도를 놓고 보면, 왕십리 마치코바는 을지로의 청계천변 마치코바와 하나의 벨트로 연결되어 있다. 청계천은 늘 그렇게 서울의 아픈 속살을 잘도 헤집고 흐른다.

　왕십리 마치코바 사람들도 사대문 안 사람들처럼 1960~70년대, 아니 그보다 더 오래 전부터, 어쩌면 일제강점기 때부터 곱창을 먹었을 것이다. 서울의 여러 곱창집이 사라져 갔으나, 왕십리에서는 곱창이 사라질 수가 없었다. 고기를 먹을 만큼 넉넉한 삶이 왕십리에는 많지 않기 때문이다. 왕십리의 여기저기가 재개발되면서 마치코바도 많이 사라진 것처럼 보이지만, 왕십리 안에서 이 건물 저 건물로 흩어져 들어갔을 뿐이고, 곱창집들도 재개발에 밀려 마치코바 따라다니듯 여기저기를 떠돌고 있다. 왕십리 곱창은 그렇게 서울 변두리에서 버티고 있다.

왕십리는 재개발 중이다. '케슬' 아래 곱창집들이 버티고 있다.
오래 가지 못할 것이다.